哲人神彩

晓源先生惠存

张世英

时年九十八岁

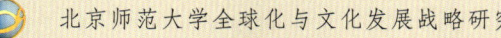

北京师范大学全球化与文化发展战略研究院文库

全球化与人类文明互鉴画传系列　　主编　薛晓源

GREAT PHILOSOPHERS
THE CHINESE TOP 100 PHILOSOPHERS IN PORTRAIT

中国100位著名哲学家画传

薛晓源 绘　　陈伟功 章伟文 李嘉泰 著

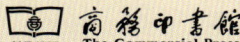

商务印书馆
The Commercial Press

绘者简介

薛晓源，博士，北京师范大学人文和社会科学高等研究院拔尖人才，北京师范大学全球化与文化发展战略研究院院长、教授、博士生导师；商务印书馆学术委员会专家委员、艺术与博物学学术总顾问；中国美术家协会会员、中国国家画院主办《中国美术报》编辑委员会委员、《经济日报》主办《中国书画》杂志专家委员会委员、北京师范大学启功书院专家委员会委员；《全球化研究》集刊主编。曾任中央编译局研究员、中央编译局《马克思主义与现实》杂志执行主编、中央编译出版社副社长兼副总编辑、中央编译局副巡视员，曾任北京大学、清华大学、南开大学兼职教授，中国人民大学艺术学院特聘教授。在中央级刊物发表文章50多篇，出版专著5部、艺术画册1部，主编、绘制"全球化与人类文明互鉴画传系列"（10卷本），主编出版学术艺术图书500多种。专著《飞动之美——中国文化对"动势美"的理解与阐释》2014年入选国家"经典中国国际出版工程"，2020年在美国门廊出版社出版英文版。2018年10月在德国法兰克福书展举办"《哲人神彩——100位世界著名哲学家肖像》新书发布会和艺术展览"，全球有20多家媒体进行了报道。先后为中国国民党原荣誉主席连战、世界知识产权组织原总干事弗朗西斯·高锐先生创作肖像，为外交部驻东帝汶大使馆创作绘画，受到中共中央党史研究室、中国版权协会和中国外交部的表彰。

著者简介

陈伟功，北京第二外国语学院教师，哲学博士。出版了 2 部专著以及《怀特海传》（合译，商务印书馆，2018 年）、《自然的概念》（合译，商务印书馆，2023 年）等 8 部译著，发表了 30 余篇论文。

著者简介

章伟文，北京师范大学哲学学院教授、博士生导师，现任北京师范大学哲学学院中国哲学与文化研究所所长，北京师范大学哲学学院国际道家与中国传统文化研究中心主任。出版了《宋元道教易学初探》《易学历史哲学研究》《中国传统价值观及其当代转换》《全真学案：郝大通学案》《全真学案：钟离权学案》《中华经典名著全本全注全译：周易参同契》《中华经典名著全本全注全译：鹖冠子》等学术著述。

序

为哲人写风神

楼宇烈

（著名哲学家，北京大学哲学系教授）

太史公在《孔子世家》中云"余读孔氏书，想见其为人"。我想司马迁的意思是说，我们读圣贤的书籍，总是想见到圣贤本人，学习他们的懿范。但是这些圣贤和哲学家长什么样，总是让世人念兹在兹。自唐代吴道子为孔夫子造像以来，历代画工对哲人造像均有贡献，这些圣贤的画像一直在流传远播，影响深远。我记得张岱年先生就收藏了许多中国古代哲学家的画像以及复制品，后来中国社会科学院《哲学研究》编辑部编辑出版的《中国古代著名哲学家画传》还收录若干图像，画传把哲学家的图像与哲学家的小传聚合一体，图文并茂，成为哲学界流传的佳话。

薛晓源同志青年在北京大学哲学系攻读哲学，中年学习中国绘画，专攻人物画，把哲学与艺术结合起来是他努力进取的方向。他先后为中外哲学家绘制了 300 幅作品，形象生动，风神兼备，达到了一个很高的艺术水平。2018 年，他在德国法兰克福举办了艺术展，出版了中英文对照版画册《哲人神彩——100 位世界著名哲学家肖像》，很有影响。2019 年为冯友兰先生"哲学三书"（《中国哲学简史》《中国哲学史》《中国哲学史新编》）绘制插图，反响巨大。今又送来画稿《大哲学家——中国 100 位著名哲学家画传》让我欣赏，准备在商务印书馆出版。薛晓源同志绘制这本中国哲学家的画传，完

全用中国传统的水墨，线条丰沛流畅，笔墨淋漓酣畅。从周公到金岳霖先生，100位中国哲人巍然矗立在那里，让人惊讶，让人兴奋。

　　用中国绘画的形式去展示哲学家的风貌和风采，从而激励大众去更好地学习中国传统哲学和文化，是一条方便法门，应予以积极的鼓励。

目 录

序　为哲人写风神　/ i

周　公　/ 2
管　子　/ 4
晏　子　/ 6
老　子　/ 8
孔　子　/ 10
孙　武　/ 12
孔　伋　/ 14
墨　子　/ 18
李　悝　/ 20
列　子　/ 22
杨　朱　/ 24
商　鞅　/ 26
慎　到　/ 30
孟　子　/ 34
许　行　/ 37
宋　钘　/ 40
惠　施　/ 43
庄　子　/ 46
尹　文　/ 48
屈　原　/ 50
荀　子　/ 52

邹　衍　/ 54
公孙龙　/ 56
韩非子　/ 58
曹　参　/ 60
司马迁　/ 62
陆　贾　/ 64
贾　谊　/ 66
刘　安　/ 69
汲　黯　/ 72
董仲舒　/ 74
扬　雄　/ 76
桓　谭　/ 78
王　充　/ 80
张　衡　/ 83
王　符　/ 86
刘　劭　/ 88
仲长统　/ 90
曹　植　/ 92
阮　籍　/ 94
刘　伶　/ 96
王　弼　/ 98
向　秀　/ 100
郭　象　/ 102

裴　頠　／ 104	陆九渊　／ 164
欧阳建　／ 106	陈　亮　／ 166
葛　洪　／ 108	王守仁　／ 168
慧　远　／ 110	王廷相　／ 170
鸠摩罗什　／ 112	李　贽　／ 172
竺道生　／ 114	黄宗羲　／ 174
何承天　／ 116	方以智　／ 176
僧　肇　／ 118	顾炎武　／ 178
范　缜　／ 120	王夫之　／ 180
达　摩　／ 122	戴　震　／ 182
智　顗　／ 124	龚自珍　／ 184
玄　奘　／ 126	严　复　／ 186
神　秀　／ 128	康有为　／ 188
惠　能　／ 130	谭嗣同　／ 190
法　藏　／ 132	孙中山　／ 192
韩　愈　／ 134	蔡元培　／ 194
李　翱　／ 136	梁启超　／ 196
刘禹锡　／ 138	王国维　／ 198
柳宗元　／ 140	陈独秀　／ 200
宗　密　／ 142	熊十力　／ 202
李　觏　／ 144	李大钊　／ 204
邵　雍　／ 146	陈寅恪　／ 206
周敦颐　／ 149	胡　适　／ 208
张　载　／ 152	梁漱溟　／ 210
王安石　／ 154	汤用彤　／ 212
沈　括　／ 156	冯友兰　／ 214
程　颢　／ 158	金岳霖　／ 216
程　颐　／ 160	
朱　熹　／ 162	跋　／ 218

周　公

周公（生卒年不详），姓姬，名旦，西周初年杰出政治家、思想家。他一生功业主要在于：助周灭商；平定管叔、蔡叔与殷贵族武庚等的叛乱；同时，辅佐成王，制礼作乐，奠定西周初年"成康之治"的基础。

周取代商为什么是可能的？周取代商之后，在什么情况下才可能不重蹈商灭亡的覆辙？周初的统治者包括周公对这些问题进行了深入思考。在这些问题中，首先需要解决的就是：为什么曾经受命于天的商王朝会被周王朝所取代？他们提出"天命靡常"对此进行解释。所谓"天命靡常"，意思是说天命并不是固定不变的。皇天将原来赋予商的天命收回，并将之给予了周。那么，周又是凭什么而得到天帝的青睐呢？周公等人认为这是他们"修德以配天"的结果，因为上天并不会永远保佑某一个王朝，故统治者要敬畏天命，"敬天保民"就成为周公的重要政治哲学思想。

周公认为，天是否真诚辅助某个王朝，会从民情好恶中表现出来，商纣王因残贼其民而失去天命的眷顾，故"天畏棐忱，民情大可见"（《尚书·康诰》）。由此，周公告诫周朝的统治者要敬天保民、明德慎罚，实行开明的政治统治，以永笃周祜。周公此说，对民情和民众的力量比较重视；同时，也对周取代商朝统治的政治合法性做了解释；在哲学上，则提出了天命可知论，认为天命可以通过民情来得到展示和体现，其所谓"天命""明德"等重要哲学范畴，对中国哲学思想发展有一定意义。

周公论治之言论，见载于《诗经》《尚书》以及《周礼》等，其参与制定的周朝礼乐文明制度，对后世儒家礼乐文化影响巨大，孔子曾说："周监于二代，郁郁乎文哉！吾从周。"（《论语·八佾》）汉代贾谊曾对周公之功业有一中肯评价，认为周文王有大德而功未就，周武王有大功而治未成，周公则集大德、大功、大治于一身，孔子之前、黄帝之后，于中国有大关系者，周公一人而已。

管 子

管子（前710—前645），即管仲，姬姓，管氏，名夷吾，字仲，春秋时期齐国著名政治家、思想家，任齐桓公之相，对内富国强兵、对外尊王攘夷、九合诸侯、一匡天下，辅佐齐桓公成为春秋五霸之首，被尊称为"仲父"。

管子思想集中体现于《管子》一书。《汉书·艺文志》子部道家类著录《管子》八十六篇，今本存七十六篇，可能为后人托名管仲著。此书篇幅宏阔、思想丰富，以黄老道家为基础，融会法家、兵家、儒家、阴阳家、名家、农家等诸家思想，是研究我国古代特别是先秦学术文化思想的重要典籍。其哲学思想的主流是黄老道家，如《心术上》《心术下》《白心》《内业》等篇解"道"之义，认为"虚无无形谓之道，化育万物谓之德。君臣父子人间之事谓之义，登降揖让、贵贱有等、亲疏之体谓之礼。简物、小未一道。杀僇禁诛谓之法"（《心术上》）。"道"虚而无形，万物依道以正名备法；法本从道出，所以至公无私，君子若能"弃嗜欲知巧"、恬淡无为，抱法从道以治天下，便不致丧失天下。另外，《水地》篇提出水是万物本原的思想。

管子作为春秋时期的著名政治家，其政治思想也影响后世深远。《管子》中的《牧民》《形势》等篇讲霸政法术；《侈靡》《治国》等篇论经济生产；《七法》《兵法》等篇言兵法；《宙合》《枢言》等篇谈哲学及阴阳五行；其余如《大匡》《小匡》《戒》《封禅》《弟子职》等篇为杂说。因此，《管子》政治哲学思想的特点是将道家、法家思想有机结合，积极吸收儒、墨等学派的思想长处，主张礼、法结合，倡导德、法兼治。

孔子对管仲所建功业有较高评价："管仲相桓公，霸诸侯，一匡天下，民到于今受其赐。微管仲，吾其被发左衽矣。岂若匹夫、匹妇之为谅也，自经于沟渎，而莫之知也。"又说："桓公九合诸侯，不以兵车，管仲之力也。如其仁！如其仁！"（《论语·宪问》）

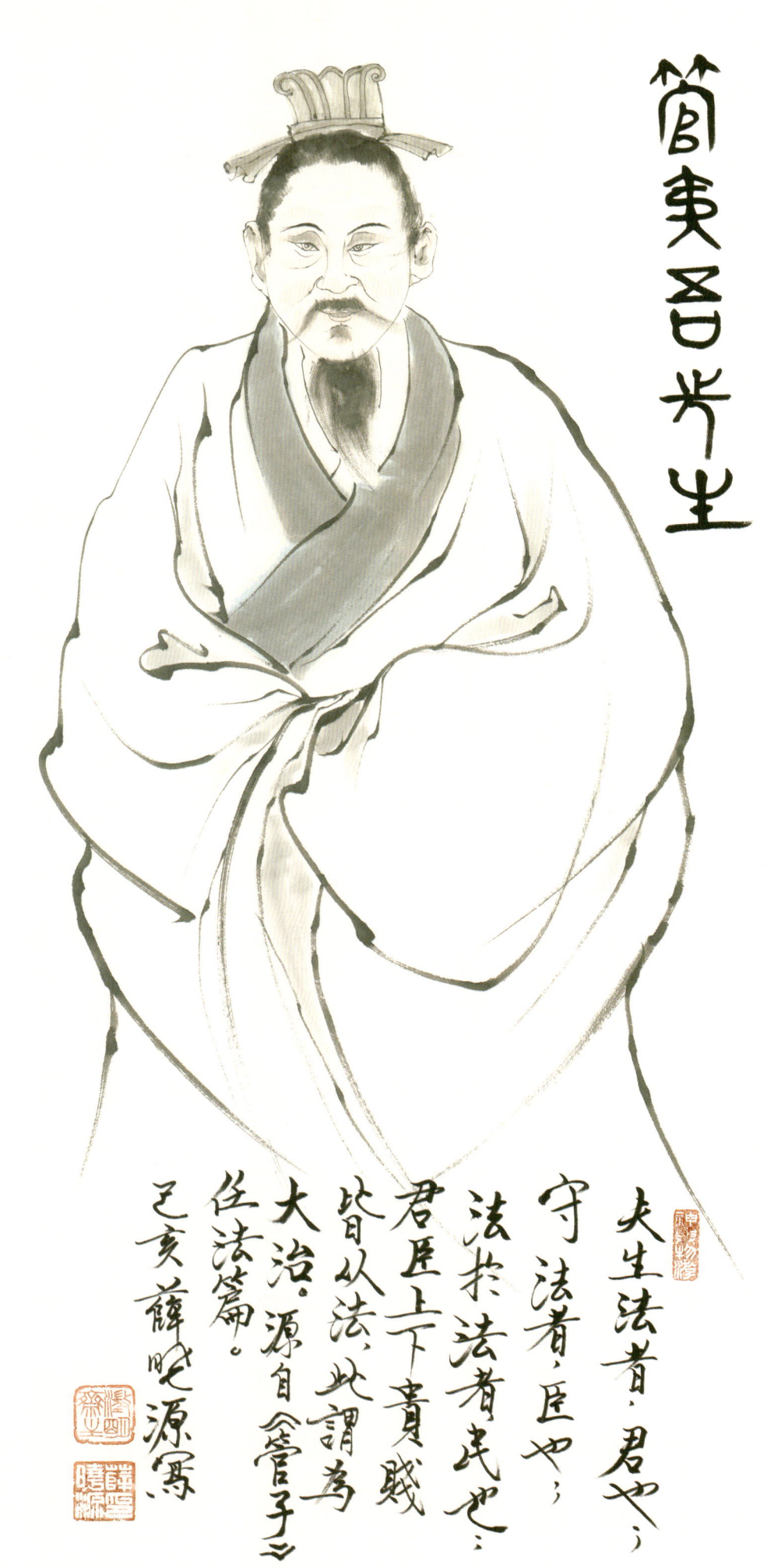

晏 子

晏子（？—前500），即晏婴，姬姓（一说子姓），晏氏，字仲，谥平，史称"晏子"，春秋时期齐国著名政治家、思想家、外交家，其思想和逸事典故多见于《晏子春秋》。

晏婴的政治才能突出，他历齐灵公、庄公、景公三朝，辅政长达五十余年，"使齐外无诸侯之忧，内无国家之患"（《晏子春秋》）；他也是春秋时期著名的外交家，先后多次代表齐国出使，孔子说："晏平仲善与人交，久而敬之。"（《论语·公冶长》）在哲学上，晏子持天命论的思想，其谓"天道不谄，不贰其命"（《左传·昭公二十六年》），认为天道自然，有其不变的法则，但在这个过程中，他也特别强调人的作用，认为人可以发挥其主观能动性，使天下得到治理，故他的天命论更倾向于天道自然论。他也有辩证的思想，如其与齐景公宠臣梁丘据讨论"和"与"同"，认为"和"与"同"异，故"一气，二体，三类，四物，五声，六律，七音，八风，九歌，以相成也。清浊，小大，短长，疾徐，哀乐，刚柔，迟速，高下，出入，周疏，以相济也。君子听之，以平其心。心平，德和"（《左传·昭公二十年》）。在他看来，如果只有同一性而无差异性，此便是"同"；承认差异性的存在，在此基础上，使差异性统一起来，使之各得其所，此便是"和"；君子能够体会"和"之义，便能使其心平和，心平和则德亦劭。

《孟子》借公孙丑之言，提出"管仲以其君霸，晏子以其君显"，对晏婴的历史功绩给予了较高评价。

晏嬰先生

人行善者天賞之，行不善者天殃之。行子有賢不用，安得不亡？賞無功謂之亂，罪不知謂之虐。晏子如是說。

己亥薛曉源寫

老子

老子（前571—前471），学术界一般认为约与孔子同时，即老聃，姓李，名耳，字聃，楚国苦县（今河南南部）人，曾担任过周王朝守藏室的史官。春秋时期的思想家、哲学家，专修道德，以自隐无名为务，创立了道家学派。

《史记》称孔子曾问礼于老子，老子却谈"君子得其时则驾，不得其时则蓬累而行"，奉劝孔子"去子之骄气与多欲，态色与淫志"，认为这些都无益于身。事后孔子给弟子们说："吾今日见老子，其犹龙邪！"孔子认为老子捉摸不透，真是神龙见首不见尾。

老子后因周王朝衰微而辞官归隐，西出函谷关，守关的关令尹喜恳请老子著书传其说，老子于是著书《道德经》五千余言，飘然出关，不知所终。

老子哲学的最高范畴是"道"，希望"以道弘人"，并通过对"道"的阐释，表达了对宇宙、社会和人生的系统看法。"寂兮寥兮，独立而不改，周行而不殆，可以为天下母。"老子认为，"道"是宇宙本原，它在天地万物生成之前就已经存在。"道生一，一生二，二生三，三生万物。万物负阴而抱阳，冲气以为和。"这说明"道"在不断地展开中，而物皆为具有阴阳二重性的对立统一体，一物由此可以生成另一物，如此生生不息，不断生成万物。"道"既是天地万物的本原，又构成天地万物存在和运行的规律。道，看不见，听不到，摸不着，但确确实实存在着。老子看到万事万物的变化，关注到"有"与"无"、"难"与"易"、"长"与"短"、"高"与"下"、"音"与"声"、"前"与"后"等现象相互依赖、相互冲突和相互协调，也揭示了社会人生的法则，提出"祸兮福之所倚，福兮祸之所伏""天下难事必作于易，天下大事必作于细"等丰富的辩证法思想。老子主张"人之道"应当遵循"天之道"，"人法地，地法天，天法道，道法自然"，说明人的真正本性在于效法天道、自然无为。老子的治国思想是提倡"无为而治"，要求统治者不要有不当的"有为""好动""多事""多欲"，而要归于正道，"以百姓心为心"，让百姓自主生活、自我教化，实现"我无为而民自化，我好静而民自正，我无事而民自富，我无欲而民自朴"。

冯友兰认为，《道德经》中的主要概念和主要原则，也都是哲学思想发展到一定高度，有了长期积累的思想资料才能有的。

孔 子

孔子（前551—前479），名丘，字仲尼，鲁国陬邑（今山东曲阜东南）人。官至中都宰、司空、大司寇。中国古代著名的思想家、教育家，被后人奉为至圣先师、万世师表。

孔子"贫且贱"，"为儿嬉戏，常陈俎豆，设礼容"，少时好礼，十七岁时以此而闻名，被视为圣人之后之"达者"。其后入仕，做过"季氏史"和"司职吏"等。曾听闻韶音，三月而不知肉味，令人称奇。其后孔子由于"鲁自大夫以下皆僭离于正道"而不仕，退而修诗书礼乐，闻道授业，据说其门下有弟子三千，贤人七十二。孔子在五十五岁时率弟子周游列国十四年，寻求明主以实现自己的政治理想，终不见用。六十八岁时重返鲁国，回到故乡整理文献典籍，专事讲学。孔子是儒家学派的创始人，向学生传授"六经"，即《诗》《书》《礼》《乐》《易》《春秋》，希望学生学习经典和古代文化，成为国家之栋梁。《论语》记述孔子的言行，是儒家的经典。孔子说自己"述而不作"，只是在整理解释经典。

孔子思想中最有特色和智慧的范畴是"仁"，它统摄了德的所有条目，冯友兰说孔子的"仁"指"一切德性的总和"。孔子把"仁"的本质诠释为"爱人"，在对"仁"的抽象和提升中奠定了儒家思想的基础。孔子学说中最重要的是礼与正名、仁义与忠恕。礼与正名是讲国家与社会的秩序，"君君臣臣，父父子子"是讲每个人都要各安其道，要履行自己的责任和义务，按其"名分"进行生活和实践。仁义与忠恕是讲"仁者爱人""己所不欲，勿施于人"。此外，孔子的天命观"唯天为大，唯尧则之""不知命，无以为君子也"等思想贯通天道与人道，把人的外在与内在结合在一起，构成了儒家思想的形上依据。孔子的"中庸之道"，如"过犹不及""君子而时中"等体现了辩证思维的智慧。孔子提出了"有教无类"的平民教育思想，他的教育思想涵养德性、性情、人格等方面，非常丰富。

司马迁说："《诗》有之：'高山仰止，景行行止。'虽不能至，然心乡往之。余读孔氏书，想见其为人。"孔子的圣贤人格激励着一代又一代的中国人"不怨天，不尤人，下学而上达"，自强不息，积极有为。

孙 武

孙武（前545—前470），约与孔子同时，字长卿，祖父田书为齐国大夫，因伐莒有功，赐姓孙，封地乐安（今山东惠民）。春秋末期军事家、政治家、哲学家，被尊称为兵圣或孙子。

孙武因族人谋反作乱，只好逃往吴国。后经过伍子胥推荐，得到了吴王阖闾的重用。《史记》称吴国"西破强楚，入郢，北威齐晋，显名诸侯，孙子与有力焉"。其著作《孙子兵法》为后世兵家所推崇，被置于《武经七书》之首，在中国乃至世界军事史和哲学史上都占有极为重要的地位，并被译为多国语言，其军事谋略享誉全球。

今本《孙子兵法》全书共分《始计》《作战》《谋攻》《军形》《兵势》《虚实》《军争》《九变》《行军》《地形》《九地》《火攻》《用间》十三篇，《汉书·艺文志》著录"《吴孙子兵法》八十二篇"，阐述了"以正守国，以奇用兵"的战略战术，将战争置于自然与社会的视域中，阐述了天道、人道等一般性问题，具有丰富的哲学思想。

孙武提出："兵者，国之大事，死生之地，存亡之道，不可不察也。"他以全面的、联系的观点看待战争，深入探究让人"立于不败之地"的用兵之道，指出军事上最重要的五个方面——道、天、地、将、法，认为"凡此五者，将莫不闻，知之者胜，不知者不胜"。他提出"知胜之道"："知可以战与不可以战者胜，识众寡之用者胜，上下同欲者胜，以虞待不虞者胜，将能而君不御者胜。"针对求胜而系统揭示用兵的规则，其要义在于因地制宜、灵活运用战争的规律，客观分析敌我的形势变化，果断采取制胜之道。孙武认为"兵者，诡道也"，强调战争运动过程的辩证法："故能而示之不能，用而示之不用，近而示之远，远而示之近。利而诱之，乱而取之，实而备之，强而避之，怒而挠之，卑而骄之，佚而劳之，亲而离之。攻其无备，出其不意。"其客观的立场、对敌我矛盾双方态势的分析具有朴素的唯物论和丰富的辩证法思想，泽被后世，影响深远。

冯友兰称《孙子兵法》"是古代一部优秀的兵书，也是一部出色的哲学著作"，"富有丰富的唯物主义和生动的辩证法思想"。

孔 伋

孔伋（约前483—前402），字子思，鲁国人，孔子之孙、孔鲤之子，春秋时期著名思想家。他曾受业于孔子弟子曾参，《史记·孟子荀卿列传》称孟子曾受业于子思的门人，故子思、孟子之学在历史上又被称为思孟学派。

关于子思的著作，司马迁《史记·孔子世家》认为"子思作《中庸》"，《汉书·艺文志》有"《子思》二十三篇"，其本注云："名伋。孔子孙，为鲁穆公师。"朱熹《中庸章句》说："《中庸》何为而作也？子思子忧道学之失其传而作也。"又说："此篇乃孔门传授心法，子思恐其久而差也，故笔之于书，以授孟子。"1993年，湖北荆门郭店出土大量竹简，其中《缁衣》《五行》《尊德义》《性自命出》和《六德》等篇，根据学者们考证，属于儒家子思一派，其体例、思想与《中庸》篇颇为相近。

子思上承孔子中庸之学，下启孟子心性之论，在儒学发展史上占有重要的地位。他发扬孔子"中庸"思想并使之系统化，认为人性源自天之所命，即所谓"天命之谓性，率性之谓道，修道之谓教"（《中庸》），将"性"视作人生来就有的道德品质，源自天，从而天亦具道德之意义。天下之达道有五，即君臣、父子、夫妇、昆弟、朋友之交；而知（智）、仁、勇三者为三达德。"五达道""三达德"皆人性中所固有，故"率性之谓道"；但人或有之而不知，行之而不尽，故需要"修"之，而"修道"不离"教"，"教"指教育、教化。《中庸》提出致中和论，强调人性修养、社会发展，皆要以中和为度："喜怒哀乐之未发谓之中；发而皆中节谓之和。中也者，天下之大本也；和也者，天下之达道也。致中和，天地位焉，万物育焉。"人性之和、社会之和、自然之和三位一体，人若能体此，就可以达到与天地万物为一体的境界。又提出"诚"之三义：其一为不欺、慎独；其二为充足实现，与"尽性"同义；其三为"诚"之"境界义"与"工夫义"。"诚者"与"诚之者"，分别相应于"已实现"及"求实现"，如其说："自诚明谓之性，自明诚谓之教；诚则明矣，明则诚矣。"（《中庸》）至诚、中庸之圣人，并不需要做与众不同的事情。在"庸言之信，庸行之谨"中，他体悟到与宇宙同其广大、同其悠久，正所谓"博厚配地，高明配天，悠久无疆"，个体与天地合一，与万物一体，此即是"极高明"；然此"极高明"，就在极平凡的生活中，所谓"道也者，不可须臾离也，可离非道也"，"人莫不饮食也，鲜能知味也"，这就是其所谓的"极高明而道中庸"。

子思先生

子思先生在《中庸》開篇中如是說：

喜怒哀樂之未發，謂之中。發而皆中節，謂之和。中也者，天下之大本也。和也者，天下之達道也。致中和，天地位焉，萬物育焉。

己亥薛䂮源敬寫

但是，战国后期大儒荀子对思孟学派却评价不高，《荀子·非十二子》中批评子思、孟轲之学，谓其："略法先王而不知其统，犹然而材剧志大，闻见杂博。案往旧造说，谓之五行，甚僻违而无类，幽隐而无说，闭约而无解。案饰其辞而祗敬之曰：'此真君子之言也。'子思唱之，孟轲和之。"但需要指出的是，思孟学派在唐以后的宋明时期影响中国学术甚大，《中庸》与《论语》《孟子》《大学》一道，被称为"四书"，作为儒家神圣经典为学者所尊奉，子思也被统治者封为"述圣公"，成为儒学道统传承的重要一环。

墨 子

墨子（约前476—前390），名翟，鲁国滥邑（今山东滕州木石镇）人。做过宋国的大夫，做过工匠，自称"贱人""宾萌"，创立了墨家学派，在战国时期与儒家并称为"显学"。秦汉之后，墨家学派断绝，其思想至近代仍有重要影响。

墨子嫉恶如仇，对传统持犀利的批判态度。他曾"学儒者之业，受孔子之术"，后不满于儒家礼乐的烦琐和浪费，有许多思想就是拿儒学作为对立面和靶子进行阐发的，成为孔子的第一个对手。墨家学派思想统一，组织严密，纪律严格，每个成员都能为实现其主张"赴汤蹈刃，死不旋踵"，充满武士精神和侠气。

为解决"强侵弱，众暴寡，兵革不休"的无道的社会问题，墨子提出重建社会秩序的十大主张："兼爱""非攻""尚贤""尚同""节用""节葬""天志""明鬼""非乐""非命"。"兼爱"即"兼相爱，交相利"，认为"凡天下祸篡怨恨，其所以起者，以不相爱生也，是以仁者非之"，主张人只有实行兼爱才是一个仁人，天下所有人都应该不分贵贱高低，彼此应该关心相爱，实行兼爱才是济世利民的唯一途径。墨子讲"贵义"，主张"必顺虑其义，而后为之行"，天下有义则治，无义则乱。利为义之功效，义为利之手段，义即利也。墨家信奉天、鬼神，认为"顺天意者，……必得赏；反天意者，……必得罚"，"鬼神之明智于圣人，犹聪耳明目之与聋瞽也"，因而寄希望于天之道德意志和鬼神之明智的惩恶扬善，以此作为其理想和信仰的保障机制。墨子的"非命"说认为，个人的"贫富寿夭"和社会的"治乱安危"是由人的主观努力与客观上来自天和鬼神的赏罚而共同决定的，强调了人的积极主体性。墨子还提出了著名的"三表法"与"察类明故"的认识论。"三表法"即判断言论的"是非利害"有三条标准——"上本之于古者圣王之事""下原察百姓耳目之实""废以为刑政，观其中国家百姓人民之利"，体现了以经验主义和功利主义为特征的朴素唯物主义思想，在中国哲学史上第一次系统地把劳动群众的实践经验、切身利益作为检验真知的标准，在一定程度上坚持了真理与价值的统一。"察类明故"指认识事物需要"以往知来，以见知隐"，强调理性认识的作用，要从以往的经验推知未来，从表面的现象中把握事物的本质，在中国哲学史上第一次提出了"类""故""理"三个逻辑范畴。

冯友兰说："墨翟的认识论和方法论，有唯物主义的和科学的精神，在中国哲学史中，是光辉的一页。"

李 悝

李悝（前455—前395），偃姓，李氏，名悝，战国时期法家代表人物，曾任魏文侯相，主持变法。李悝的著作著录于《汉书·艺文志》，有法家类《李子》三十二篇；另有兵权谋家《李子》十篇，也可能为李悝所作。

李悝变法经济上推行"尽地力"和"善平籴"（《汉书·食货志》）的政策。"尽地力"就是统一分配农民耕地，督促农民勤于耕作，增加生产；"平籴法"是国家在丰收时平价收购粮食储存，发生饥荒时又平价卖给农民，取有余以补不足，防止谷物太贵而扰民，或太贱而伤农。这些经济改革措施的实行，促进了魏国农业生产的发展。

在政治上，他主张实行法治，废除维护贵族特权的世卿、世禄制度，奖励有功国家之人，选贤任能，赏罚严明，提出"食有劳而禄有功，使有能而赏必行，罚必当"。他还主张改革军事制度，建立"武卒"制，对军队士兵进行考核，奖励其中的优秀者，并按照不同士兵的作战特点，重新将他们进行编排，发挥其整体作战优势。这些改革措施，使魏国成为战国初期强国之一。

为了进一步巩固变法成果，李悝汇集各国刑典，著成《法经》一书，通过魏文侯予以公布，使之成为魏国法律，以法律的形式肯定和保护变法。《法经》是我国古代第一部比较完整的法典，《晋书·刑法志》记载李悝著《法经》："以为王者之政莫急于盗、贼，故其律始于《盗》《贼》。盗、贼须劾捕，故著《网》《捕》二篇。其轻狡、越城、博戏、借假不廉、淫侈逾制，以为《杂律》一篇。"其"重农"与"法治"结合的思想对商鞅、韩非子影响极大。

在历史发展的长河中，李悝的《法经》已散佚不存。司马迁曾评价李悝及其变法，谓"魏用李悝尽地力，为强君"；班固称李悝"富国强兵"。

列 子

列子（约前450—前375），姓列，名御寇，战国时期郑国人，是道家介于老子与庄子之间承前启后的重要人物。东汉班固《汉书·艺文志》道家类录有《列子》八卷，早佚；今本《列子》八卷，或为后人根据古代资料整理、编著。

据庄子《逍遥游》，列子可以"御风而行，泠然善也"，故有人怀疑列子乃虚构人物。然《战国策》《尸子》《吕氏春秋》等诸多文献皆提及列子，《庄子》杂篇中亦有《列御寇》篇，故列子应该实有其人。

由今本《列子》看，其学本于黄帝、老子，主张清静无为，归同于老庄，故后世以"贵虚"概括其学派之特点，如《列子》较早的整理者和注释者张湛的《列子·序》谓："其书大略明群有以至虚为宗，万品以终灭为验，神惠以凝寂常全，想念以著物为表，生觉与化梦等情。巨细不限一域，穷达无假智力，治身贵于肆任，顺性则所至皆适，水火可蹈。忘怀则无幽不照，此其旨也。"张湛认为《列子》此书在宇宙论上，强调天地万品、群有以至虚为宗，以终灭为验；在认识论上，强调人之神凝寂则能常全，人之意念、思维著于物，则由内而及于表；在人生观上，以生觉与化梦等情，强调治身当顺其性，则所至皆适，水火可蹈，治心当忘怀，则无幽不照，以此作为《列子》一书之主旨。

另外，从《列子》各篇的哲学思想看，《列子·天瑞》表达了道体冲虚、无执无为以及万物"自生自化"的自然之义；《列子·周穆王》由真幻无别、觉梦一体论证了万物齐一的道理；《列子·仲尼》提出体道合真，不能采用逻辑或概念的方法，强调体道不"务外游"，而要行"内观"。《列子·黄帝》将这种"内观"概括为两种：一是"纯气之守"，通过"壹其性，养其气，含其德，以通乎物之所造"，认为人之天性纯真，心灵虚静，原本与大道一体，通过"纯气之守"，即可全其真性，养其天德；二是采用老子之"致虚"或庄子之"坐忘"，通过"致虚"或"坐忘"，不断超越"是非""利害"，使心灵重归于冲虚自然、无执无为的状态。

《列子》书中还保存有许多民间故事、寓言和神话传说，如"愚公移山""夸父追日""杞人忧天"等，在中华文化发展中具有重要影响和思想价值。《尔雅·释诂》邢昺《疏》引《尸子·广泽》及《吕氏春秋·不二》谓："列子贵虚。"《战国策·韩策》记载："史疾为韩使楚，楚王问曰：'客何方所循？'曰：'治列子圉寇之言。'曰：'何贵？'曰：'贵正。'"这些史料，对于人们理解《列子》哲学思想的特点具有重要参考价值。

列子御風圖

己亥薛曉源快意寫之

杨 朱

杨朱（约前450—约前370），杨姓，字子居，魏国（一说秦国）人，是战国时期道家杨朱学派的创始人。他主张"贵己""重生"，其思想散见于《列子》《庄子》《孟子》《韩非子》《吕氏春秋》等，在当时独树一帜，与儒、墨相抗衡。当时，有"天下之言不归杨则归墨"之说，可见其学说影响之大。

关于杨朱学说，历来或以其源出《道德经》。《道德经》第十三章谓："贵以身为天下，若可寄天下。爱以身为天下，若可托天下。"但老子"贵柔""贵弱"，而杨朱"贵己"或曰"为我"，后世多斥杨朱之说"自私""颓废""堕落"，但在春秋战国诸侯纷争、相互侵略的情况下，杨朱愤世而倡导"贵己"和外天下之说，实有其时代的必要性。他借古以讽今，认为："古之人，损一毫利天下，不与也；悉天下奉一身，不取也。人人不损一毫，人人不利天下，天下治矣。"（《列子·杨朱》）又说："善治外者，物未必治，而身交苦；善治内者，物未必乱，而性交逸。以若之治外，其法可暂行于一国，未合于人心；以我之治内，可推之于天下，君臣之道息矣。"（《列子·杨朱》）在杨朱看来，人人治内贵己，互不侵损，自重自爱，就能各安其所，从而天下得到治理。从"贵己"出发，杨朱提出人要全性保真，不要贪得无厌，为外物伤生，保持自然所赋予自身之真性，勿矜一时之毁誉，不羡死后之余荣，自己主宰和决定自己的命运。

《列子·杨朱》存有杨朱思想之原旨，从其中思想来看，杨朱并非损人利己者与纵欲者。《孟子·尽心上》说："杨子取为我，拔一毛而利天下，不为也。"《吕氏春秋·不二》谓："阳生贵己。"《韩非子·显学》谓："今有人于此，义不入危城，不处军旅，不以天下大利易其胫一毛，……轻物重生之士也。"《淮南子·氾论训》说："全性保真，不以物累形，杨子之所立也。"杨朱哲学有两个基本观念，即"为我""轻物重生"，他反对墨子的"兼爱"，主张"贵己""重生"，重视个人生命的保存，反对他人对自己的侵夺，也反对自己对他人的侵夺，此则为杨子"贵己""重生"的人生理想。

楊朱先生

古之人，損一毫利天下，不與也；悉天下奉一身，不取也。人人不損一毫，人人不利天下，天下治矣。楊朱先生如是說。

乙亥薛明源寫

商 鞅

商鞅（约前390—前338），姬姓，公孙氏，名鞅，卫国国君后代，战国时期政治家、改革家、思想家、军事家，法家代表人物，因功被秦孝公封于商，故历史上又称其为商鞅。

先秦法家提出了社会历史变化、发展今胜于昔的"历史进化论"思想。商鞅就是先秦法家倡导历史进化论思想的重要代表人物之一。在春秋时期社会发生急剧变化的时代背景之下，商鞅力主变法、改革。他提出"三代不同礼而王，五霸不同法而霸"的历史进化论思想，为他变法、改革的实践服务。据《商君书·更法》记载，商鞅认为，"法"的本质，就是为了造福百姓；"礼"的本质，就是为了方便做事。所以，圣人、君王如果认为某种具体的"法"和"礼"可以使国家变得富强，就不必取法过去的"法"与"礼"；如果变法、改革能够对百姓有利，就不必因循旧有的"礼""法"。夏、商、周三代，它们的礼制各不相同，春秋五霸，其法制亦各不相同，但同样可以称王、称霸于天下。所以，有智慧的人总想着如何去制定与时相适宜的法律，而愚昧无知者才会被法制所制约；贤能的人因时、因地制宜，改革礼制，而无知者则被礼制所拘束。

商鞅认为，不存在一般的、一成不变的"古法""礼制"。他反驳当时的一位名叫杜挚的大臣，认为古代的圣王们治理国家时，并不采用同样的方法，他们利益国家的方式也各不相同，故没有必要效法古制。历史上，商汤、周武王兴王道于天下，他们并不因循古法却使国家兴盛起来；殷纣王、夏桀虽然没有改变礼法，却亡国了。既然这样，则与古制相违背未必值得非议，而因循旧礼的人也不见得就值得多加肯定。所以，商鞅劝谏秦孝公不要去效仿古人，"前世不同教，何古之法？帝王不相复，何礼之循？"他请求秦国君主应当"亟定变法之虑"，不变法就不符合历史发展的潮流。

商鞅基于他的历史进化论思想，提出"三代不同礼而王，五霸不同法而霸"的社会发展史观，认为社会是发展的，各种"礼""法"制度要因时、因地制宜，以适应社会这种变化、发展的实际情况。变法、改革的目的是富国富民，只要能达到这个目标，就可以对古制进行更改。由此，商鞅也表达了他对社会历史发展的看法。他认为人类社会历史是朝前发展的，"上世亲亲而爱私，中世上贤而说仁，下世贵贵而尊官"。上古的时代，人们只知道爱自己的亲人，贪图私利。到了中古时代，情况就发生了变化，"亲亲""爱私"导致社会争斗不已，为了解决社会出现的难题，一些有智慧的贤人出来提倡人与人

聖人為國也，觀俗立
法則治，察國事本則宜。
商鞅先生如是說。薛必源寫

商鞅先生

之间的"仁爱",反对自私、争斗。这样,只爱自己亲人的思想不再得到社会的认可,因为提倡"仁爱"的这个功绩,社会上推崇贤人的思想占据了主导地位。到了近古时代,生产力发展了,人口数量增多了,人民众多,意见各不相同,如果没有制度、法律来规范、约束百姓的行为,社会就会产生混乱。因此,到了近古的时代,法律就产生了。法律产生后,还需要有人去执行,这就相应地要设置官吏。如何保证官吏能够很好地执法为民呢?这就需要有人去监督、管理官吏,于是就设立了国君。近古和中古时代又有所不同了,这样,中古时代在社会上推崇"贤人"的思想不再盛行,社会上的人们开始重视"贵人"。

商鞅认为,人类社会这一系列的历史变革,说明社会历史是不断朝前发展的,是不会停息的。既然这样,统治者治理国家就要根据变化、发展了的情况,来制定相应的"法度""礼仪"等措施,不断通过"易"其"弊",以适应并推动时代和社会朝前发展。所谓"礼法以时而定,制令各顺其宜","民道弊而所重易也,世事变而行道异也"。老百姓的相生养之道是随着时代的变化而变化的,社会是不断发展的,世事既然变异了,统治者治理国家的方针、政策也要相应地发生改变。只有这样,才能顺应历史发展的大势,达到治理天下的目的。商鞅的这种社会历史发展观应该可以算作一种进化史观。

商鞅辅佐秦孝公,积极实行变法,使秦国成为富裕强大的国家,史称"商鞅变法"。他的思想主要保留在《商君书》中,《商君书》又称《商子》,是由商鞅的言行和思想及法家后学著作汇编而成,是法家学派的代表作品之一。后担任秦相的李斯如此评价商鞅:"孝公用商鞅之法,移风易俗,民以殷盛,国以富强,百姓乐用,诸侯亲服……"

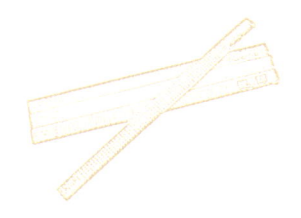

慎 到

慎到（生卒年不详），先秦法家的重要代表人物，其著作有《慎子》一书，《汉书·艺文志》曾著录。据《史记》记载，齐宣王时，慎到曾长期在稷下讲学，与田骈、接子、环渊等有较多的交往。

慎到作为法家的代表，非常重视"法"在社会政治生活中的作用。他认为，治理天下国家的首要之点，不过在于定下规矩而已。通过什么来定规矩呢？这就需要"法"。有了"公义"，有了"法"，治理国家就比较容易。慎到反对人君不以法治国，而以一己之愿来治国。如果不同的人立下同样的功劳，人君因自己的喜好不同而给予各不相同的奖赏，这就会使臣下产生怨恨。如果君王只任法，而不由一己之愿来处理国家事务，所有的事务都由法来规定，依据法律的规定来进行赏罚，则大家各安其赏罚，怨恨就不会产生而上下和谐。所以，治理国家如果没有法制则会产生混乱，坚守法制而不知道变更则国家衰亡。有法制而不遵守，施行一己之私意，可以称之为无法。

法制的最大功效就是使私意得不到施行，事务都以礼法来决断，这就是治国的大道理。但是，制定了法制却又不依法而行，只是行一己之私意，这是私意与公法相争，这种混乱比没有法制更甚。制定法制，设置君主，是为天下人服务的。但一旦制定了法制，设置了君主，为了保证它们能够正常运转，发挥其功能，就要维护法制的尊严和君主的权威。慎到强调要以"势"来维护君主的权威，以保证法制的施行。弓弩弱而箭却射得高，是因为箭乘风而飞的缘故；三王、五伯这些圣王、霸主，之所以能参赞天地之化育，通于鬼神，周遍地裁成万物，是因为他们得到的帮助多的缘故。

慎到强调君主立"法"要采用"因"的方法。天之道，因循则大，人为地加以改变则小。因循是要因人之常情。君主在立"法"过程中要贯彻"因"的原则。老百姓生活在一起，而各有自己的能力。能力各不相同，这是百姓的实际情况。人君是地位最高而兼容并蓄百姓的人。百姓的能力各不相同，都可以为君主所用。所以，人君根据百姓的不同能力，兼容并蓄之，不能有所取舍。因此，不先设定一个标准来要求人，这样，要什么人才就有什么人才，人才就会很充足。人君不先设立一个标准来要求部下，这样在下位的人也更容易做好自己的本职工作，从而为君主所容。在下位者容易做好自己的本职工作，则君主就能广纳百姓，广纳百姓才可以称之为人君。

慎到认为，天下大势要求依"法"而不依"贤"来施行治理，依"法"则有"公义"，

慎到

慎子曰：故立天子以為天下，非立天下以為天子也。立國君以為國，非立國以為君也。立官長以為官，非立官以為長也。

己亥薛曉源寫

依"贤"则产生私意，以私意治国则国乱。慎到这种历史发展观强调"因"天下大势、"因"人之性情而立法，君主的产生也是天下大势发展的需要，君主是立法的主体，是实施法的保障，但他也不能随意立法，更不能以私意来实施法。君主、官吏，包括法制，都是历史发展大势的要求，这种历史发展大势慎到有时将之归于人的"自利"的本性，归于人之"所能"。这就没有正确看待"人性"，也不可能找到社会历史发展的真正原因。《庄子·天下》谓慎到"笑天下之尚贤也"，《荀子·解蔽》谓："慎子蔽于法而不知贤。"

孟 子

孟子（约前372—前289），名轲，字子舆，战国时期邹（今山东邹县）人。孟子把儒家思想进一步理论化和体系化，是儒家学派中的理想主义者，成为仅次于孔子的一代宗师，被后世尊为"亚圣"。

孟子曾受业于孔子的孙子子思或其门人，一度成为齐国稷下学宫的座上嘉宾，也曾周游列国，欲寻求明主实现自己的政治理想和抱负，也曾"为卿于齐"，出现过"后车数十乘，从者数百人"的盛况。因其学说述唐、虞、三代之德，被急功近利的统治者视为"迂远而阔于事情"，终不见用。晚年退居故乡，著书立说，与弟子"序《诗》《书》，述仲尼之意，作《孟子》七篇"，记述他与王侯的论辩与谈话。《孟子》善于阐发儒学的精髓，且行文如滔滔洪水，气势撼人，善于比喻，思辨缜密，被后世推崇为"四书"之一，奉为必读经典。

孟子主倡先验的性善说，他认为人天生就有"四心"——恻隐之心、羞恶之心、辞让之心、是非之心，它们是人性的开端，这"四端"通过"能尽其才"而修养成为仁、义、礼、智"四德"。孟子的心性修养论分为"求放心"和"寡欲"两个阶段，达到"尽心""知性""知天"的境界。通过存养至大至刚的浩然之气，人就可以存诚尽性，达到"万物皆备于我"，实现对宇宙人生的认识和把握。不仅如此，还要做到"不动心"，提升到"富贵不能淫，贫贱不能移，威武不能屈"的精神境界。孟子"言必称尧舜"，将上古三代作为理想的社会类型，他基于性善论而提出实施"仁政"的治国方案："以不忍人之心，行不忍人之政，治天下可运之掌上。"孟子提出"何必曰利"的重义轻利的主张，提倡德治主义的"王道"而反对功利主义的"霸道"，以及提出"民为贵，社稷次之，君为轻"的民贵君轻学说，成为中国民主思想的萌芽，使"得民心者得天下"成为中国文化传统中治国理政的信条。孟子还提出"人皆可以为尧舜"的命题，认为每个人只要加强修养，都可以成为圣人，并主张"天将降大任于斯人"的英雄史观，认为圣人是上天派来的使者，"使先知觉后知，使先觉觉后觉"，这些观点对于宋明理学心学一系有很大的影响。

冯友兰指出，懂得了"浩然正气"这个词汇，才可以懂得中国文化和中华民族的精神。

孟子

戊戌薛曉源敬造

许 行

许行（约前372—约前289），楚之随人，战国时期农家学派的代表人物。许行的事迹在先秦史籍中较为少见，其主要言行、事迹在《孟子·滕文公》等著作中有一些记述。《汉书·艺文志》著录《神农》二十篇（已佚），近代有学者认为是许行的著述。

许行与孟子为同一时代的人。《孟子·滕文公》曾记载许行"为神农之言"，即依托远古神农氏"教民农耕"之言，主张"种粟而后食"。他率门徒数十人，穿着粗麻短衣，先是在楚之江汉间以打草、织席为生；后又率门徒自楚抵达滕国，请求滕文公划给他一块土地，进行耕作，效果甚好。大儒陈良的弟子陈相及弟陈辛对许行很敬重，专门从宋国来到滕国，拜许行为师，摒弃儒学观点，成为农家学派的忠实信徒。孟子游滕，遇到陈相，展开了一场历史上著名的"农""儒"论战。

许行反对不劳而获，主张"君民并耕"之说，提出"贤者与民并耕而食，饔飧而治"，即贤德之君应该与百姓共同耕种，自己做饭并处理国事；他反对国君设仓库储存米谷、积聚财货，认为"仓廪府库，则是厉民而以自养也"（《孟子·滕文公》）。在他看来，滕文公不劳而获、坐拥储藏粮食的仓廪和存放钱财的府库，这就是损害民众的利益以供养自己，这样的国君不配称为上贤。

"市贾不二"是许行提出的又一个重要思想。他认为："布帛长短同，则贾相若；麻缕丝絮轻重同，则贾相若；五谷多寡同，则贾相若；屦大小同，则贾相若。"（《孟子·滕文公》）市场上，如果布帛的长度相同，麻缕、丝絮的重量相同，粮食斤两的重量相同，鞋的尺码相同，则其出售的价格也应该相等；同种商品卖同种价格，这就不会再有弄虚作假的现象，这便是"市贾不二"的大致意思。

许行的"君民并耕"之说，要求人人都成为自食其力的劳动者，反映了当时贫苦农民的平均主义和共同劳动思想，代表了战国时期贫苦农民的利益和要求；"市贾不二"说，主张依据产品的长短、大小等数量、质量规定价格，不赞成商人居中剥削，反对抬高物价的欺诈行为。他的上述主张，与孟子"劳心者治人，劳力者治于人；治于人者食人，治人者食于人"的思想针锋相对，故孟子对许行农家学派进行了批评，认为这种主张只能是一种幻想，在现实社会中根本不可能实现。应该说，许行的思想是小农经济平均主义的反映，集中显示了劳动农民自食其力的淳朴本色，表达了其企图解除现实压迫的强烈愿望，充满对想象中平均社会的美好憧憬，这对后世产生了较大影响。

許公先生觀樂圖

己亥薛晤源欣然寫之

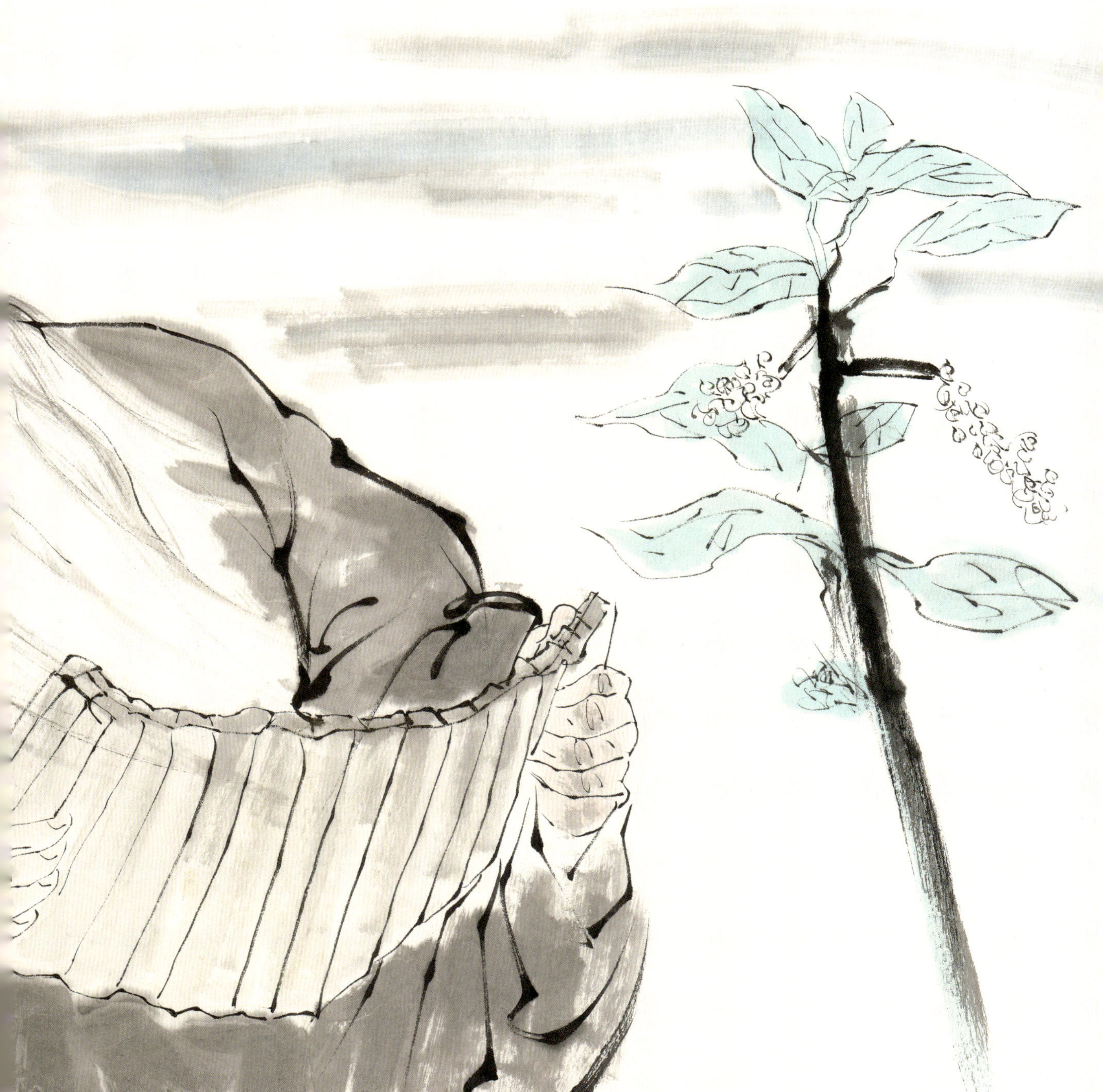

宋 钘

宋钘（约前370—前291），又称宋子（《庄子》作宋荣子，《孟子》作宋牼），宋国人，战国时期著名哲学家，宋尹学派创始人及代表人物。

宋钘继承老子思想，是战国时期道家学派的前驱。他倡导"接万物以别宥为始"，即在认识外物时，要去除自己固有之成见，方能够容受万物所具本来之性；又提出"情欲寡""见侮不辱"说，反对诸侯间的兼并战争，汲汲于"禁攻寝兵，救世之战"；又因其主张"崇俭""非斗"，故历史上也有以他为墨翟弟子者。

宋钘曾游稷下，战国时期的孟轲与庄周都很尊敬他，《孟子·告子下》记载孟子曾会见过宋钘，并称他为"先生"，孟子自称"轲"，可能宋钘比孟子稍长。《荀子·正论》说宋钘"严然而好说，聚人徒，立师说，成文典"。班固《汉书·艺文志》自注说："孙卿道宋子，其言黄老意。"

《汉书·艺文志》有《宋子》十八篇，但其书佚。从宋钘哲学思想看，他强调保持内心之清静与自我的价值，与杨朱"贵己"略同，重视区分自我与外物之间的界限，分清荣耀与耻辱的不同。《庄子·逍遥游》说他"定乎内外之分，辩乎荣辱之境"，能够做到当整个社会都赞美他时，自己不会因此而更加得意扬扬，当整个社会都批评他时，也不因此而更加沮丧失望。宋钘的理想是"愿天下之安宁以活民命，人我之养，毕足而止"，终其一生为救民而说教、为反对战争而呼号，成为战国时期著名的思想家和社会活动家。

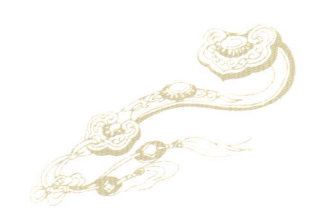

宋鈃先生

己亥薛曉源寫

惠 施

惠施（约前370—前318），战国中期宋国人，官至魏相，多年参与魏国政治活动。其著已失传，目前只能看到《庄子·天下》中记载的惠施"历物之意"的十个命题。

惠施与庄子是学术上的好朋友，《庄子》中载有二人的许多辩论，惠施去世后，庄子说："吾无以为质矣，吾无与言之矣。"《庄子》称惠施"以善辩为名"。曾有人问"天地所以不坠不陷，风雨雷霆之故"，惠施"不辞而应，不虑而对，遍为万物说"，表现了惠施对世界万物进行分析的善辩特点。

惠施提出"至大无外，谓之大一"与"至小无内，谓之小一"的命题，他看到了大与小、有限与无限的对立统一，揭示了气论哲学中的逻辑"矛盾"。惠施还提出"无厚不可积也，其大千里"的命题，"厚"即大，"无厚"即无所大、无限小之意，"无厚不可积"的意思是无限小加无限小虽然还是无限小，但实际上无限小的积聚却可以成为"其大千里"，这个命题也是揭示了无限小与无限大的逻辑"矛盾"。惠施指出："大同而与小同异，此之谓小同异；万物毕同毕异，此之谓大同异。"这种说法被概括为"合同异"，就是指：一些具体事物的大小相同处或相异处，可称之为小同异；而万事万物的相同处或相异处，则可称之为大同异，大的"同"是由小的"同"构成的，大的"异"是由小的"异"构成的。所以，万物既有"毕异"，也有"毕同"，世界存在着统一性与差异性。由于"万物毕同"，所以，天地万物均为一体，惠施提出"泛爱"主张。当有人抨击他既主张"去尊"却又主张"王齐王"的矛盾时，惠施以人与物的不同为喻而说明"王齐王"是为了免民之死，这是权衡利弊的结果。

由于惠施的好辩，他总能提出一些相对性的概念和命题，而招致荀子的批评——"好治怪说，玩琦辞，甚察而不惠""蔽于辞而不知实"，指出惠施重名轻实的问题。不过，郭沫若曾说，在先秦诸子中最有科学素质的人恐怕就要数惠施了。

惠施与庄子

己亥之夏薛晓源仿然书写

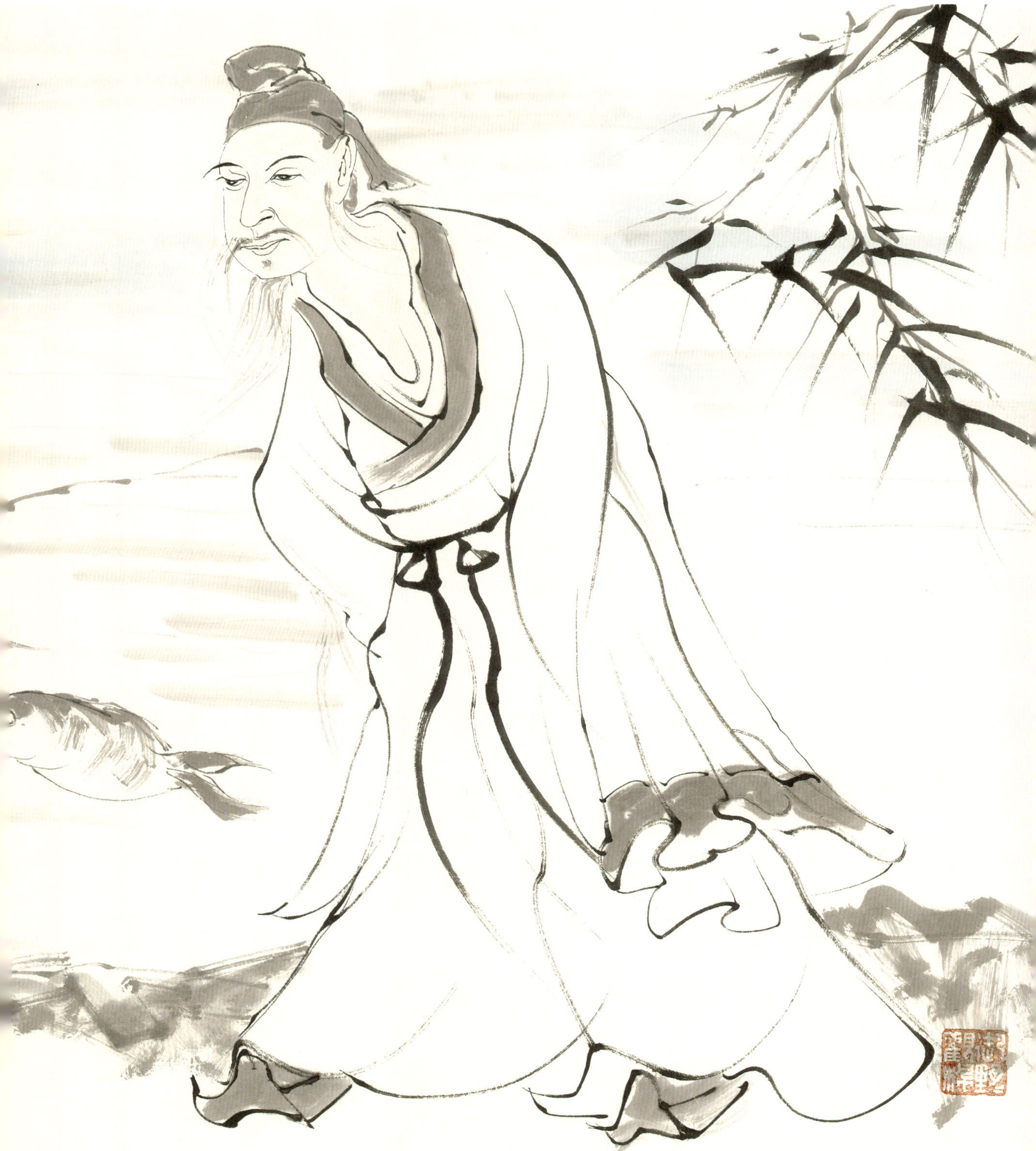

庄 子

庄子（约前369—前286），名周，宋国蒙（今河南商丘东北）人。战国中期著名的思想家、哲学家和文学家，是在老子之后最主要的道家学派代表。庄子曾担任过蒙地的漆园吏。其代表作品为《庄子》，计三十三篇，分为内篇、外篇、杂篇。

《史记》记载庄子"其言洸洋自恣以适己，故自王公大人不能器之"，说明庄子拥有丰富的、瑰丽的想象力，文章如汩汩泉水，任意流淌，汪洋恣肆，奇异横生。《庄子》善于运用寓言和故事，把精妙的哲理说得引人入胜、妙趣丛生。庄子以隐士自居，即使楚威王以重金聘之，许以为相，庄子也以愿做一头"游戏污渎之中自快"的猪而笑辞，决不做"郊祭之牺牛"。

庄子主张尊重天道，认为"道"是一种本原，它无为无形却有情有信，自本自根，独立存在，永恒持续，"在太极之先而不为高，在六极之下而不为深，先天地生而不为久，长于上古而不为老"，表现了"道"超越六极、通贯古今而不受时空所限的特征。庄子认为，人一旦有了"机心"，即为物所绊，就无法承载"道"了，那样就会"丧己于物，失性于俗"。因而，人要有"大物"，不为物所物。庄子把"天"视为"自然"，即天然，主张要顺应自然，"无以人灭天，无以故灭命"，认为真正的生活是自然而然的，要摒弃机心、分别心。庄子主张齐物论，认为"物无非彼，物无非是"，以"道"观之，"无物不然，无物不可"，万物只存在着无条件的同一，即绝对的"齐"；主张齐物我、齐是非、齐大小、齐生死、齐贵贱，他想象中的主观精神境界是"天地与我并生，万物与我为一"，并向往像大鹏鸟一样过一种逍遥自在的精神自由生活。庄子说："唯道集虚。虚者，心斋也。"要达到"道"的境界，人必须在心上做好修养工夫，即"虚而待物"，实现"至人无己，神人无功，圣人无名"的理想，与"道"同体。由此，人就自然而然地接近了"天人合一"的艺术境界。为此，要在"技"上下功夫，庄子说"能有所艺者，技也"，就是要像庖丁解牛那样，通过训练而依次达到"所见无非牛者""未尝见全牛也""以神遇而不以目视，官知止而神欲行"三种境界。在此基础上再提升一步，像圣人那样"原天地之美，而达万物之理"，最终实现了"道"的艺术精神。

庄子从认识论、价值论、人生观、艺术观、修养论等方面呈现了"道"的不同面相，说明"道"无所不在、"道通为一"，拓展了中国哲学的领域和问题意识。

大鵬一日同風起,扶搖直上九萬里;
假令風歇時下來,猶能簸卻滄溟水。
李白詠莊子逍遙遊詩意 戊戌薛曉源

尹 文

尹文（约前360—前280），齐人，战国时期著名哲学家，曾居齐之稷下，为稷下学派的重要代表，与宋钘、彭蒙、田骈等皆为当时有名之学者。

《吕氏春秋·正名》记载有尹文与齐湣王的对话。《庄子·天下》对尹文为重要代表之一的宋尹学派及其学说有一评价，认为其"不累于俗，不饰于物，不苟于人，不忮于众，愿天下之安宁以活民命，人我之养，毕足而止"。他们既不为世俗之风所累，也不借重外物矫饰自己，而是保持自身清纯之性，对他人无所苛求，更不会违逆众人之情，希望天下太平、社会安宁、人民安居乐业。

尹文之学强调"不累于俗，不饰于物"，类似于道家老庄之学，但从其积极的处世态度来看，又与道家尤其是庄学中的避世、逃世思想不同；其"禁攻寝兵，救世之战"，似墨者之行径，但其存养内心的心性论思想，又为墨家所无；而就存养内心之心性论而言，宋、尹一派与思孟学派归本于"诚"，也有区别。西汉司马谈《论六家要旨》谓"道家"采儒墨之善，这在尹文之学中有明显表现。

《汉书·艺文志》著录《尹文子》一篇，列在名家。魏文帝曹丕时，山阳仲长氏试着梳理此书之条次，撰定为上下篇。近人长沙王启湘再次加以订正训释，成《尹文子校诠》，分上下卷，并附逸文。上篇论述形名理论，下篇论述治国之道，主张统治者自处虚静，对事物要综合核实，与黄老刑名之学相近。

甪里先生體像

己亥之春薛曉源敬寫

屈　原

屈原（约前340—前278），芈姓，屈氏，名平，字原，出生于楚国丹阳秭归（今湖北宜昌），战国时期楚国诗人、政治家，楚武王熊通之子屈瑕的后代。早年，他受楚怀王信任，任左徒、三闾大夫，对内主张举贤任能，修明法度，对外力主联齐抗秦。因遭贵族排挤诽谤，他被先后流放至汉北和沅湘流域。楚国郢都被秦军攻破后，他自沉于汨罗江，以身殉楚国。

根据刘向、刘歆父子的校定和王逸的注本，屈原的作品有二十五篇，主要包括《离骚》《九歌》《九章》《天问》等。《天问》中存有朴素的宇宙发生论思想，其谓"遂古之初，谁传道之？上下未形，何由考之？"以"遂古之初""上下未形"作为宇宙的开端。其《远游》《离骚》等篇，还提出了"道论"，所谓"道可受兮，而不可传；其小无内兮，其大无垠。毋滑而（汝）魂兮，彼将自然。壹气孔神兮，于中夜存。虚以待之兮，无为之先。庶类以成兮，此德之门"（《远游》），其以道统摄宇宙、天地与万物，认为人与道之相合，其要在于虚心、凝神、无为、自然；同时，毋滑汝魂，存中夜之气，这对后世黄老道家产生了重要影响，也是道教"性命双修"修养论的前驱。他又有"精气"之说，谓"餐六气而饮沆瀣兮，漱正阳而含朝霞。保神明之清澄兮，精气入而粗秽除"（《远游》），这里所谓的"六气""正阳"，与"精气"为同一类，认为"精气"聚于人之身，则可以使人"粗秽除""保神明之清澄"。

屈原除了是哲学家外，也是中国历史上伟大的爱国诗人、中国浪漫主义文学的奠基人和"楚辞"的创立者，被誉为"楚辞之祖"。他倡导的"路曼曼其修远兮，吾将上下而求索"的"求索"精神，成为后世志士仁人所信奉的一种高尚追求。

己亥初夏敬寫屈原先生曉源

荀 子

荀子（约前325—前238），名况，字卿，汉代因避宣帝讳（宣帝名询），故又称为孙卿。战国后期赵国人，曾做过兰陵令。先秦儒家重要代表，杰出的哲学家、教育家。《荀子》大部分是荀子的著述，少部分是弟子的记录。

胡适认为，荀子有很多批评各家的话都很有价值，如："慎子有见于后，无见于先。老子有见于诎，无见于信。墨子有见于齐，无见于畸。宋子有见于少，无见于多。""墨子蔽于用而不知文。宋子蔽于欲而不知得。慎子蔽于法而不知贤。申子蔽于势而不知知。惠子蔽于辞而不知实。庄子蔽于天而不知人。"胡适说，荀子学问很博，曾研究同时诸家的学说。因为他这样博学，所以他的学说能在儒家中别开生面，独创一种很激烈的学派。

荀子提出"明于天人之分"，与传统的天人合一的主流思想区别开来，开启了新的天人观。他认为"天不为人之恶寒也辍冬，地不为人之恶辽远也辍广"，说明大自然拥有自己的运行规律，与人没有关系。对于祭祀、卜筮等仪式，荀子认为"君子以为文，而百姓以为神"，儒家将其视为一种文化，是为了"以神道设教"，而老百姓则以为真的有鬼神，他对文化层次进行了明确的划分。荀子说，"天有其时，地有其财，人有其治，夫是之谓能参"，认为人的"天职"就在于参与天地之道，从事治理和生产，如果不主动有所作为而等待天地赐福，那就是不明智的。所以，荀子主张人要"制天命而用之"。荀子将其天人观扩展到人性论层面，提出"化性起伪"，主张人性恶，所以要通过人为的礼义之道使人之恶得到调节。关于社会治理，荀子提出"隆礼尊贤而王，重法爱民而霸"，即其"隆礼重法"的主张，既尊崇王道，也要借鉴霸道，把儒家与法家的思想有效地融合起来，提出"故为之立君上之势以临之，明礼义以化之，起法正以治之，重刑罚以禁之"。荀子还提出"解蔽"与"正名"的认识论：人通过"解蔽"才能"知道"，其方法就是"虚壹而静"，即扬弃主观的、片面的认识，而要全心全意地认识对象；"王者之制名，名定而实辨，道行而志通"，王者要对奇谈怪论进行治理，即"制名"，统一思想认识，"上以明贵贱，下以辨同异"。

冯友兰认为："儒家之中，荀子思想是孟子思想的对立面。"如果论左和右的话，冯友兰认为荀子有右也有左："右就右在强调社会控制；左就左在发挥了自然主义，因而直接反对任何宗教观念。"

荀况先生

不登高山，不知天之高也，不临深溪，不知地之厚也，不闻先王之遗言，不知学问之大也。荀子在《劝学》篇如是说。己亥薛晓源写

邹 衍

邹衍（约前324—前250），战国末期齐人，阴阳家代表人物。据《汉书·艺文志》，邹衍著有《邹子》四十九篇和《邹子终始》五十六篇。

邹衍在齐国颇受重视，被赐为上大夫："宣王喜文学游说之士，自如邹衍、淳于髡、田骈、接子、慎到、环渊之徒七十六人，皆赐列第为上大夫，不治而议论。"（《史记·田敬仲完世家》）"是以邹子重于齐。"（《史记·孟子荀卿列传》）

班固《汉书·艺文志》对以邹衍为代表的阴阳家之由来、学说特点有如下评论，"阴阳家者流，盖出于羲和之官，敬顺昊天，历象日月星辰，敬授民时，此其所长也"，认为阴阳家源于周朝王官之学的羲和之官，即掌管天文历法的羲氏及和氏，其职能是敬顺昊天、制历明时，故"天论"与阴阳五行学说便成为邹衍学说的主要内容。因他"尽言天事"，人称"谈天衍"。

邹衍主要倡导阴阳五行学说、五德终始说和大九州说。司马迁在《史记·孟子荀卿列传》中记载，邹衍看到战国一些诸侯国的统治者淫侈、不尚德，乃"深观阴阳消息而作怪迂之变，《终始》《大圣》之篇十余万言"，其书意旨所归，强调仁义节俭，君臣上下相亲；《史记·封禅书》记载，邹衍以阴阳主运显于诸侯。故建立在阴阳五行学说基础上的五德终始说，是邹衍学说的核心。五德终始说主要以五行生克之原理考察历史中王朝变迁的规律、法则，大概以虞为土德、夏为木德，此后依次为金德、火德、水德。五行之"德"有盛有衰，盛则可以支撑起一个王朝的存在，衰则这个王朝就会被克制其"德"的其他王朝所取代。这是邹衍阴阳五行和五德终始之学的大概内容。西汉董仲舒"三统""三正"等有关社会历史发展的理论可能受到战国邹衍五德终始说的影响。

邹衍还有所谓大小九州说，认为"中国"于天下乃八十一分居其一分，"中国"名赤县神州；赤县神州内自有九州，这就是大禹所序之九州，也称小九州；但在赤县神州之外，与赤县神州相似者，还有九处，这就是所谓大九州，因有裨海环之，人民禽兽莫能相通；大九州有大瀛海环其外，此则为天地之际。

邹衍先生

大道淪三代，夫山
罕有窺，鄒子
何寥廓，漫說九
瀛垂。興亡已千載，
令也到無推。
録陳子昂詩以說鄒
子學說之消沉。
己亥薛邦源篤

公孙龙

公孙龙（约前320—约前250），字子秉，赵国人，名家离坚白派的代表人物，曾任赵惠文王、孝成王的相国。主要著作为《公孙龙子》，对名实概念进行了阐释和总结，由此形成了系统的名辩理论。

公孙龙受墨子思想影响，主张"偃兵""兼爱"。他能言善辩，为"六国时辩士也"；曾经做过平原君的门客，协助平原君抵御秦国的威胁；作为相国曾出使燕国，"说燕昭王以偃兵"。

公孙龙名辩理论的主要内容是名实论与指物论，白马论和坚白论是其中的两个具体辩题。公孙龙认为"夫名，实谓也"，"名"就是对"实"的指称，"名"必须与"实"相符合，"其名正，则唯乎其彼此焉"，说明一个正确的"名"必须具有唯一性，要专属于一个"彼"或一个"此"，否则，其"名"就不成立。"物莫非指，而指非指"，说明一切物都可以被指称，否则就不成为物，不能被指称的话，也就没有物的存在了；而"指"则没有这样的性质，所以说"指非指"，指称本身是不需要被指称的。这就强调了天下有"物"和"指"两种存在，"指"则具有独立性，不依赖于"物"而存在。《公孙龙子》最重要的两篇是《白马论》和《坚白论》，提出了"白马非马"和"离坚白"等论点。据说，公孙龙过一个关口，守城士兵不让通过，说："马不让通行。"公孙龙说："我牵的马是白马，白马非马。"士兵懵了，无言以对，只好让公孙龙牵马过关。这个论辩说的是，三个名词拥有不同的内涵，"白"指的是一种颜色，"马"指的是一种动物，"白马"指的是一种动物且还具有一种颜色，内涵不同，所以白马非马。公孙龙在此强调"白马"与"马"的区别，也就是在强调个别与一般的区别，他因此而得出的结论是"白马非马"。此外，他还提出许多著名的论辩如"离坚白""飞鸟之影，未尝动也"等，有人视为深刻，有人视为诡辩，引起很大的争论。其实，公孙龙只看到范畴的差异性，而没有看到其统一性，因而把"物"之外的非物也看成了实在，甚至当成"物"的本质了。

公孙龙从日常的具体存在中看到了抽象的一般存在，丰富了中国古代哲学的认识论和逻辑学知识，做出了独特的重要的贡献。

鬼谷躜龍

馬者，所以命形也
白者，所以命色也
命色者非命形也
故曰白馬非馬。
大悟公孫龍先生如是說
戊戌年薛晓源寫

韩非子

韩非子（约前280—前233），韩国（今河南西部）皇室后裔。后期法家思想的著名代表。喜刑名法术之学，因口吃不善道说而善著述，著述被后人编为《韩非子》五十五篇。

《史记》说韩非子"与李斯俱事荀卿，斯自以为不如非"。当韩非子的著述传到秦国后，秦王嬴政见到《孤愤》《五蠹》竟发出"寡人得见此人与之游，死不恨矣"的感慨。秦王听李斯说此书是韩非子所作，居然因此急攻韩国。韩国深感事态危急，只好派韩非子使秦。韩非子主张为秦国采用，却遭李斯等嫉妒陷害，终致下狱，被迫饮鸩而死。当秦王追悔，派人特赦时，韩非子已含冤而逝。

韩非子集法家思想之大成，把慎到强调的"势"、申不害强调的"术"、商鞅强调的"法"熔于一炉，认为三者一个都不可或缺，它们相辅相成，都是帝王的统治工具。韩非子认为，片面强调"术"则导致"奸多"，因而要"以法为教""以吏为师"；片面重"法"的不足之处在于"无术以知奸"，用"术"才可以"使人不得不爱我之道"；君主之"势"在于掌握赏罚和生杀大权，赏罚之道不可以示人，而权势不可以借人。总结起来就是"抱法处势则治，背法去势则乱"，"君无术则弊于上，臣无法则乱于下"。韩非子对历史与现实的变化有着比较清醒的认识，认为"世异则事异"，新的现实情况产生新的问题，要用新的方法去解决新的问题，而不能墨守成规。"守株待兔"的寓言故事就是韩非子的发明，用来嘲讽儒家言必称尧、舜、禹、汤、文、武，认为"欲以先王之政，治当世之民，皆守株之类也"。韩非子认为治国之道，首先在于制定法律，君主统治百姓，依靠的也是法律和权威，而不是儒家所说的"以德服人"的德治。社会历史之所以表现出"上古竞于道德，中世逐于智谋，当今争于气力"的不同形态，根本原因在于古之财多而今之财寡。韩非子认为，"万物各异理，而道尽稽万物之理"，"道"是万事万物存在的本原，而"理"则是万事万物的规定性，"理定而后可得道"，能够认识事物的规定性即"理"，也就能够在总体上把握"道"了。因此，"夫缘道理以从事者，无不能成"，说明只要遵循客观规律就能在认识和实践方面获得成功，这是韩非子关于"道"与"理"这对范畴在认识论与实践论上的重要贡献。韩非子还强调了检验认识的标准——"循名实而定是非，因参验而审言辞"，说明要根据名实相符、实际验证来对是非真伪做出判断。

冯友兰认为，韩非子被称为圣人，标志着第一次大转变时期"百家争鸣"的局面即将终结。从哲学史的观点看，韩非子继承了荀子，又改造了《道德经》，他的哲学思想是中国哲学史中辉煌的一页。

韓非子云
治民無常，唯治為法
薛曉源寫

曹 参

曹参（？—前190），字敬伯，泗水郡沛县（今江苏沛县）人，与汉高祖刘邦同乡，西汉早期著名的思想家、政治家、军事家，被汉高祖封为平阳侯，谥号懿。曾拜著名道家学者盖公为师，学习黄老之学，以为治国之道，提倡无为而治、休养生息。一生未立著述，其事迹主要记载于《史记》《汉书》。

曹参"秦时为狱掾"，深知秦法之严苛，因此其政治思想宁失之以宽，不失之以严。其"无为而治"的理论吸收了道、法两家思想，这一理论认为只要人做事遵循一定的制度，其行为的道德责任就不由人承担，而由制度承担，因此人在这个过程中是"无为"的。在人事上，曹参主张"讷于文辞，谨厚长者，即召除为丞相史"，而不愿选择善于辨析细节的儒生，以防小事化大。曹参反对儒家贵君子轻小人的观点，认为国家必须庇护其所有民众，既庇护君子也庇护小人，主张国家的道德中立。曹参去世后，百姓以歌赞道："萧何为法，讲若画一；曹参代之，守而勿失。载其清净，民以宁一。"萧规曹随，在历史上留下了千古佳话。

司马迁说："参为汉相国，清静极言合道。然百姓离秦之酷后，参与休息无为，故天下俱称其美矣。"

束髮河山百戰功，白頭富貴亦成空。築堂不著新歌舞，卻要區區老翁。綠王安石詩作曹參。

己亥薛呹源寫

司马迁

司马迁（生卒年不详），字子长，雍州夏阳县（今陕西韩城）人，西汉著名史学家、散文家。早年曾师从孔安国、董仲舒学习儒学，并游学各地，后承袭父亲司马谈的职业，成为汉朝史官太史令，任职期间因替李陵辩护而受宫刑，忍辱负重完成了中国史上第一部纪传体通史《史记》，记载了从三皇五帝到汉武帝时期共约三千年的历史，被后人尊称为史迁、太史公。

司马迁继承了汉朝初年的黄老思想，认为治国与修身一样，必须做到"形神相合"，制度必须符合社会的实际需要。当形神相合时，要保持社会安定，就既不能过度劳神，也不能过度劳形，正所谓"夫神大用则竭，形大劳则敝"；既不能让制度公信力受损，也不能过度透支社会财富。为了达到这一目的，司马迁提出了"因循"的治国理念。这个词在司马迁之前的黄老思想中没有贬义，指顺应民意，"用人之自为"，让百姓都做自己愿意做、对自己有利的事情。在这个过程中，没有人被强迫做不愿做的事，所有的事情都是顺其自然的，因此人们就能做到"无为而有为"，使社会自然发展。他还认为，"天下熙熙，皆为利来。天下攘攘，皆为利往"，"故善者因之，其次利道之，其次教诲之，其次整齐之，最下者与之争"，主张自由市场，反对统治者干涉经济、与民争利。

作为史官，司马迁最为后人所称道的精神就是"实录"。他总能如实记录历史，不因个人好恶和权贵威胁而改变。扬雄在《法言》中称赞道："太史迁，曰实录。"班固也在《汉书·司马迁传》中说："自刘向、扬雄博极群书，皆称迁有良史之材，服其状况序事理，辩而不华，质而不俚，其文直、其事核，不虚美、不隐恶，故谓之实录。"后世的史官与史学家，也都将这种实录精神引为修史的道德规范。

司马迁"究天人之际，通古今之变，成一家之言"，完全可称得上是"笔削冠于史籍，题目足以经邦"，《史记》被鲁迅誉为"史家之绝唱，无韵之《离骚》"。

司馬溫公先生

大事八日：窮天下之隙，得古今之變，成一家之言

己亥辟邪源敬寫

陆 贾

陆贾（约前240—前170），西汉初期著名的政论家、思想家，楚国籍贯。以能言善辩著称于世，曾在刘邦入关中时游说守关秦将投降，在汉朝建立后游说南越国向汉朝称藩，在吕后专权时说服陈平与周勃联合抗吕，为汉朝的建立和稳固立下了汗马功劳。《史记》记载其"以客从高祖定天下，名为有口辩士，居左右，常使诸侯"。在思想政策方面，陆贾综合了儒家和道家的理论，为早期的汉朝提出了"行仁义、法先圣、礼法结合、无为而治"的治国方略。

汉高祖初得天下时重武轻文，而陆贾常常给高祖讲《诗》《书》，高祖骂道："乃公居马上而得之，安事《诗》《书》！"陆贾顺着这个话题反问汉高祖："居马上得之，宁可以马上治之乎？且汤武逆取而以顺守之，文武并用，长久之术也。昔者吴王夫差、智伯极武而亡；秦任刑法不变，卒灭赵氏。乡使秦已并天下，行仁义，法先圣，陛下安得而有之？"高祖听完面露惭愧，于是命陆贾将天下兴亡的道理写成书。陆贾一共写了十二篇，高祖看完连连称赞，陆贾的书被称为"新语"。

陆贾推重黄老之道，其思想分为道基、术事、辅政、无为、辨惑、慎微、资质、至德、怀虑、本行、明诚、思务总共十二部分。《新语》开篇说："天生万物，以地养之，圣人成之。"这句话是总纲。陆贾认为，上天创造万物，然后万物在世界上，按照上天制定的规律自己发展。因此，圣人要懂得"成之"，顺应事物的规律，让事物成其自身，否则，人的行为就不符合天道，就必然要灭亡。陆贾建议"无为而治"，指的是让汉朝皇帝顺应社会的客观规律行事，不掺杂皇帝个人的"作为"。"无为"并不是什么都不做，而是要主动去了解并顺应"天道"，行仁义，用贤臣。陆贾还认为，人如果没有判断的原则，就会是非不辨，听信流言，导致"视之者谬而论之者误"，进而导致人"视之不察，以白为黑"。人若要行善，首先要学会在细节处辨明善恶；人若要学会辨明善恶，就必须学习"天道"，以天的意志为标准辨别事物。而"天道"的"本行"，则是儒家的核心理念"仁义"。无论是修身还是治国，都应该学习儒家思想以明理。

陆贾一生以游说著名，其外交说辞历朝历代都引以为典，而其《新语》也是儒家思想开始成为封建正统思想的重要标志，其伦理学与政治学思想影响深远。南朝梁著名文学家刘勰称赞其著述曰："汉室陆贾，首发奇采，赋《孟春》而进《新语》，其辩之富矣。"而史学家班固则侧重于称道其政治成就："陆贾位止大夫，致仕诸吕，不受忧责，从容平、勃之间，附会将相以强社稷，身名俱荣。"

陸賈先生

昆山君子握道而治，據德而行，席仁而坐，杖義而張，虛無寂寞，通動無量。漢代哲人陸賈先生如是說。己亥薛曉源寫

贾 谊

贾谊（前200—前168），洛阳（今河南洛阳）人，西汉初年著名政论家、文学家，代表作有《过秦论》《论积贮疏》《陈政事疏》，以及《吊屈原赋》《鵩鸟赋》等。

贾谊总结秦亡教训，认为取天下与守天下应奉行不同的道术，秦"离战国而王天下，其道不易，其政不改"，"先诈力而后仁义，以暴虐为天下始"，"其亡可立而待也"（《新书·过秦》）。正因为"进取之时去矣，并兼之势过矣"（《新书·时变》），故守成要以礼治国，因为"道德仁义，非礼不成，教训正俗，非礼不备"（《新书·礼》）。秦统治者不知重民、安民，对民"繁刑严诛""赋敛无度"，百姓人人自危，"而危民易与为非"（《新书·过秦》）。

汉初分封与郡县并行，且奉行黄老"清静无为"政策，地方诸侯势力强大，严重威胁君权。贾谊提出要强干弱枝、加强君权，认为中央与地方诸侯的臣属关系取决于实力的对比，靠亲属、血缘关系来维持权力的平衡行不通，"诸侯势足以专制，力足以行逆，虽令冠处女，勿谓无敢；势不足以专制，力不足以行逆，虽生夏育，有仇雠之怨，犹之无伤也"（《新书·权重》）。因此，用权势去制衡诸侯国，比施恩更为有效，所谓"欲天下之治安，莫若众建诸侯而少其力。力少则易使以义，国小则亡邪心。令海内之势如身之使臂，臂之使指，莫不制从。诸侯之君不敢有异心，辐凑并进而归命天子，虽在细民，且知其安"（《汉书·贾谊传》）。

同时，统治者要实行礼治，张礼、义、廉、耻四维，重教化，"移风易俗，使天下移心而向道"（《新书·俗激》）。"民之治乱在于吏"（《新书·大政下》），故要选用贤吏，别服章，礼大臣。轻刑重赏，崇本抑末，驱天下之民归于农；贮存粮食，应付灾变；尚俭抑奢；以德抚远，根除边患，以礼爱民。当然，以礼治国，也不完全摒弃法制，"夫礼者，禁于将然之前；而法者，禁于已然之后"（《汉书·贾谊传》）。

西汉刘向认为，"贾谊言三代与秦治乱之意，其论甚美，通达国体，虽古之伊、管未能远过也，使时见用，功化必盛"，对贾谊及其思想评价甚高。

夸父追日

己亥薛晓源敬写

刘 安

刘安（前179—前122），祖籍沛郡丰县（今江苏徐州），生于淮南国寿春（今安徽淮南），西汉著名文学家、思想家，汉高祖刘邦之孙，汉武帝时被封为淮南王。

刘安自幼好读书弹琴，文采卓著。任淮南王时经常劝课农桑，抚慰百姓，因此深得朝野上下称赞。相传，传统美食豆腐就是由刘安所发明的。李时珍《本草纲目》有记载："豆腐之法，始于前汉淮南王刘安。"后来因不满意藩王的地位，密谋夺取皇位，失败后自刎。刘安曾主持编纂黄老学著作《淮南子》，以在文化领域与汉武帝尊崇的儒学相抗衡。这部著作记载了许多著名典故，在中国思想史上占据着重要地位。

《淮南子》以道家思想为主旨，认为人生命最终的目的是"象太一之容，测窈冥之深，以翔虚无之轸"，但又超越了先秦道家消极出世的弊端，认为"言道而不言事，则无以与世浮沉；言事而不言道，则无以与化游息"。在世界观方面，《淮南子》则继承了先秦道家的传统，认为世界的本原是"道"，"道始于虚霩，虚霩生宇宙，宇宙生气"。道是未分阴阳的气，而在道气分出阴阳五行后，才演化出了实体世界。刘安认为不同种类的气没有道德种类上的高低，也没有意识和目的，只是在遵循它本身的规律运动。因此，刘安提倡遵循事物本身的规律认识事物，强调后天学习和客观事物在人性形成中的作用。基于这种世界观，刘安在《淮南子》中如此解释道学的"无为无不为"："所谓无为者，不先物为也；所谓无不为者，因物之所为。"无为是指不让人的目的超出事物本身的规律；无不为是指在人的目的符合事物的客观规律时，事物会自然完成人的目的。《淮南子》借助无为和无不为之间的相互转化这一例证，进一步论证了道家朴素辩证法，认为事物在一定的条件下，可以与它的反面互相转化。对于身心修养而言，《淮南子》将形、神、气关联在一起，认为"形者非其所安也而处之则废，气不当其所充而用之则泄，神非其所宜而行之则昧"，这三方面缺一不可，都要"慎守"之，"静而日充者以壮"。

刘安虽然在政治问题上提出了许多著名的学术见解，自己却未能践行。他在天下安定的时代逆势而为，为了一己野心而谋反，牵连了许多无辜人士，令史家感到可恨可怜。司马迁等古代学者基于封建王朝的忠君观念，谴责刘安"不务遵蕃臣职以承辅天子，而专挟邪僻之计，谋为畔逆，仍父子再亡国，各不终其身，为天下笑"。冯友兰评价道，刘安"在当时的贵族中，是比较有学问的"。《淮南子》吸收各家思想，对先秦道家的思想在理论上进行了较大的提升，具有现实指导意义。

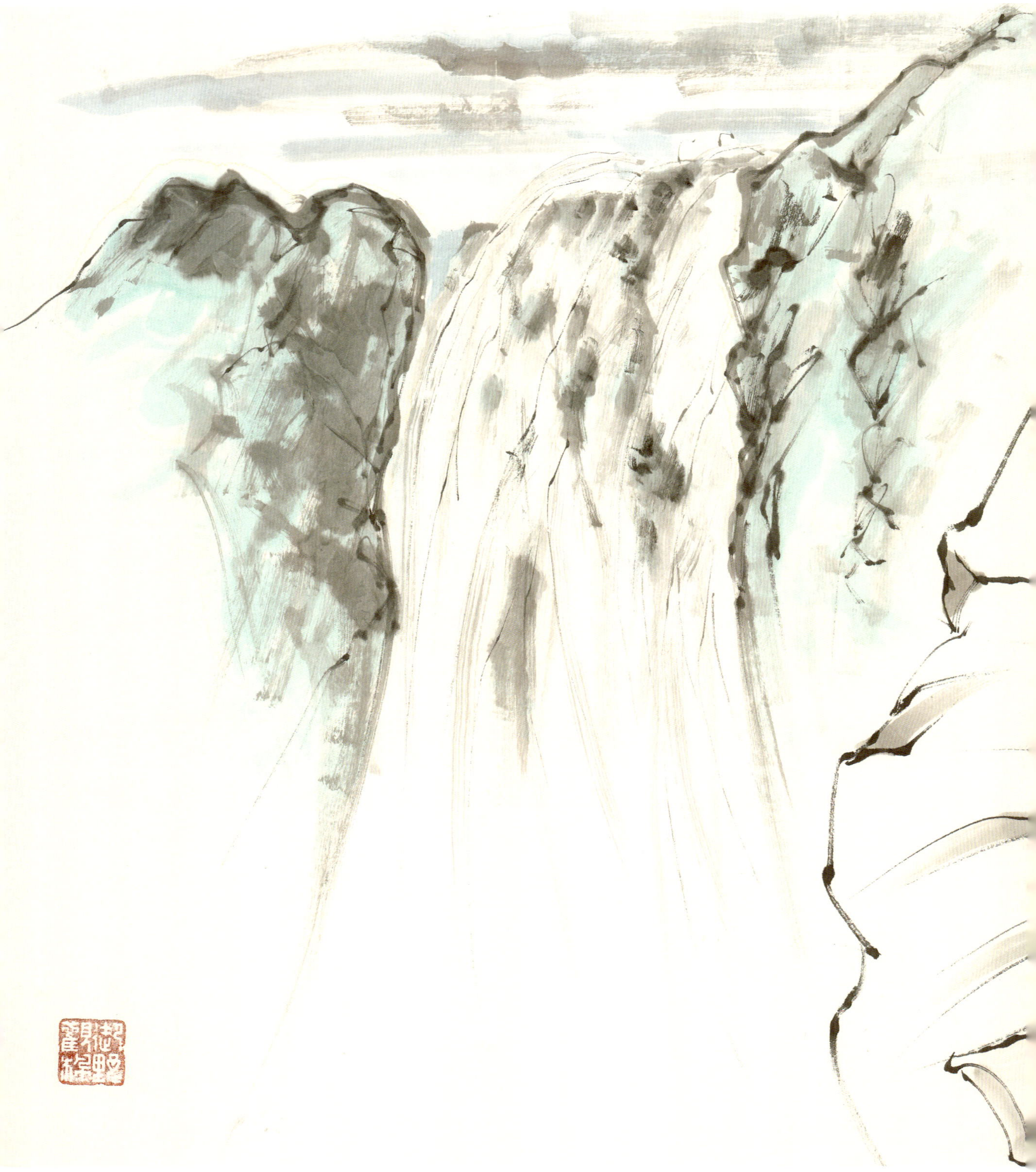

神農撫琴圖

己亥 薛邦源 寫

汲黯

汲黯（？—前112），字长孺，河南濮阳人，西汉著名政治家，出身于一个七世为官的大官僚家族，历任太子洗马、东海太守、淮阳太守，政绩卓著。以敢于直言谏诤著名，后人常将其与魏征相提并论。曾两次违抗汉武帝旨意，无数次在朝堂上当众指责武帝。汲黯是汉朝最后一批崇尚黄老之学的官员之一，但未就其思想留下著述。

汉朝时期的房屋多为木制，容易失火。河内郡曾因此发生大火，烧却数千民居，武帝派汲黯做钦差大臣前去抚民。汲黯回来时报告说："河内郡火灾灾情不严重，只是普通人家不慎失火，由于房屋密集而蔓延，并无大碍。倒是我路过河南郡时，见到当地水旱灾害严重，灾民多达万余户，饿殍千里，易子而食。我就趁着身上有钦差的符节，私自命令当地郡守开仓赈济。现在我缴回符节，请皇帝治我假传圣旨的罪过。"汉武帝认为汲黯贤良，赦其无罪，令汲黯担任荥阳县令，汲黯不就；武帝无奈，将汲黯召回朝中担任中大夫。

汲黯推崇黄老政治，推崇"上无为而下有为"的思想，其中重点主要是"上无为"。"上无为"是说统治阶层不能以个人的主观意愿施赏罚，也不能在下属办事时掣肘。司马迁在《史记·汲郑列传》中记载，汲黯"其治，责大指而已，不苛小"。只要下属办事能够达成目的，就不过问细节。而统治阶级若要做到"上无为"，就必然要能够清心寡欲。汲黯曾批评汉武帝曰"内多欲而外施仁义"，即汉武帝总是做自以为对国家有利的事情，来满足自己"施仁义"的欲望，表面上为国为公，本质上却是在满足一己私欲。因此，汲黯也反对儒家的"仁义"之道，认为这是多余的"有为"，是违反天道的。汲黯还斥责公孙弘与张汤等人，称他们是"刀笔吏"，认为他们只注重法律条文的细枝末节而不注重法律的整体精神，认为这些人"不可以为公卿"。

汲黯虽然不提倡在政务上过于严苛，其待人接物时却过于刚直，容不得与自己意见不合之人。司马迁在《史记》中称，"黯为人性倨，少礼，面折，不能容人之过。合己者善待之，不合己者不能忍见，士亦以此不附焉。然好学，游侠，任气节，内行修洁，好直谏"。汲黯的这种个人性情并不符合他信奉的黄老之学，但其敢于直谏的气节却历来为史家所称道。

霍光先生

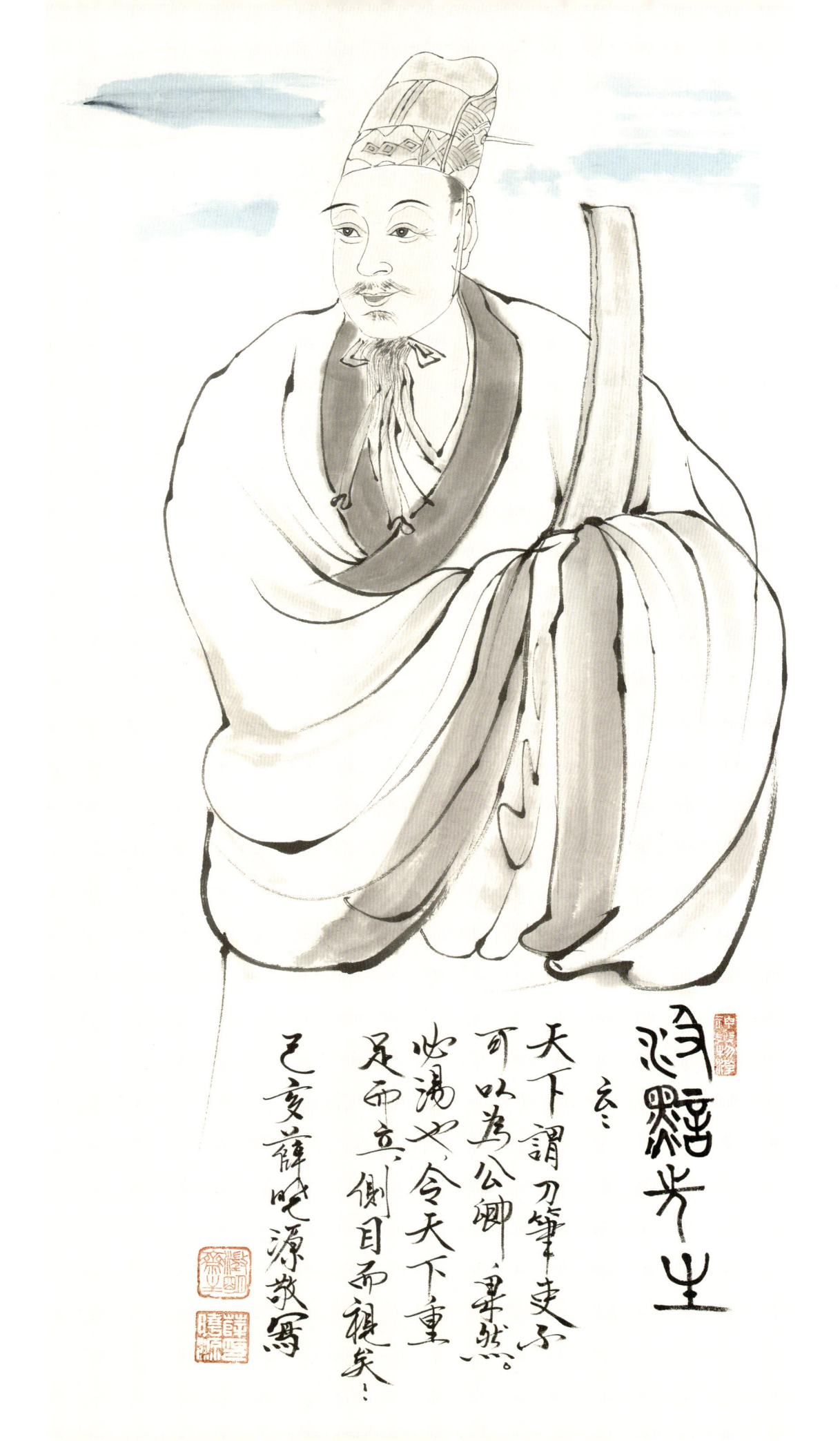

天下謂刀筆吏不可以為公卿，果然。必湯也，令天下重足而立，側目而視矣！

己亥薛曉源敬寫

董仲舒

　　董仲舒（前179—前104），广川（今河北枣强）人。西汉著名政治家、思想家、哲学家。汉景帝时因善治《春秋》公羊之学而任太学博士，汉武帝时历任江都易王国相、胶西王国相，后退隐回乡，潜心治学，被誉为"群儒之首"。元光元年（前134），汉武帝向群臣征询意见，董仲舒向武帝进谏，提出"推明孔氏，抑黜百家"的理论，以儒学垄断思想解释权，巩固了汉朝在思想界的统治地位，也为后世的封建大一统王朝奠定了儒学思想基础。著有《天人三策》《春秋繁露》等。

　　董仲舒出身于大官宦世家，家中富裕。父亲董太公在家中学堂旁边修建了一座花园，供子女们读书之余休息。董仲舒的兄弟姐妹都在课余时间去花园里玩，只有董仲舒仍然天天废寝忘食地读书，甚至对花园看都不看一眼。董太公怕董仲舒过度劳累，中秋节时亲自带着他到花园里一起赏月。但董仲舒趁父亲不注意，又偷偷溜去学堂找先生读书。后人因此发明了成语"目不窥园"来赞赏董仲舒勤奋学习的精神。

　　董仲舒吸收法家、公羊家与阴阳家思想，提出了一套新的理论。他提出了"天"的概念，为儒学树立了一个最高价值。"天者，群物之祖也"，说明"天"是万物的主宰，它拥有自己的意志；"天地之符，阴阳之副，常设于身，身犹天也"，说明人是符合"天数"的东西，人作为形而上主体和"天"的结构相吻合，这便是"天人感应"。天只有一个，因此人间也必须"大一统"。他又认为，"天"通过操纵阴阳五行的变化来影响事物的规律。董仲舒不承认阴阳二气的相互平衡和相互转化，转而认为，阴阳二气中，阳气主导事物的发展，阴气辅助事物的发展，所以在现实中，也必定有一部分人处于主导地位，一部分人处于从属地位。董仲舒借此提出了"三纲五常"的理论，构建起了君权父权的理论基础。而人的性情亦有阴阳两面、善恶两面，他主张把"性"区分为三品，即圣人之性、中民之性和斗筲之性，因此人必须接受儒学教化。除此之外，董仲舒还认为，事物的名称是"天理"的反映，因此事物的发展必须合乎其名分。这一系列理论弘扬了以价值名义为基础的封建社会伦理，抨击了以血缘关系为基础的奴隶社会伦理，将古代伦理思想带入了新的时代。

　　自董仲舒之后，儒学在两千余年里成为中国封建社会的正统思想。因此，后世的儒学学者在修史时都称颂这位儒学体系的奠基人。班固在《汉书·董仲舒传》中写道："刘向称：'董仲舒有王佐之材，虽伊、吕亡以加，管、晏之属，伯者之佐，殆不及也。'"成语"王佐之才"即来源于此。董仲舒被后世视为"汉代的孔子"。

董仲舒

天地教、此道化
人道義、聖人
見端而知本
精之至也、
得一而應萬類
之治也。
董仲舒在《春
秋繁露》如是
倡言 己亥
薛曉源寫

扬 雄

扬雄（前53—18），字子云，蜀郡郫县（今四川成都）人，汉朝著名思想家、哲学家、文学家，古文经学的代表人物。扬雄祖上是周朝贵族，后来失去封地到南方避难，世代耕读。扬雄年轻时，口吃而拙于表达，但清心寡欲，不忧贫富，好读圣贤之书，善于沉思，因此很快从同龄人中脱颖而出，拜于大儒严君平门下求学，其文风逐渐由华丽转向精练。学成后入朝辅佐汉成帝，为官期间写下《法言》和《太玄》，被古文经学家们奉为经典。晚年在王莽新朝任大夫。

王莽借图谶之学自立，因此想要在民间禁绝图谶字符，避免后人效仿。但甄寻和刘棻二人又向王莽进献图谶，王莽大怒，将甄寻处死，将刘棻流放，下令逮捕和二人有关的官员。扬雄因为教过刘棻写生僻字，也被列入在案人员。案发时扬雄正在天禄阁修订书刊，见王莽的使者来缉捕他，慌不择路，从阁上跳了下去，险些摔死。后人因此发明成语"扬雄投阁"，用来比喻文人士子无端坐罪、走投无路的场景。

扬雄的自然观表现在《太玄》中。他写道，一切事物都是由气构成的，气的盛衰影响事物的状态。而事物的气不会凭空产生，也不会凭空消失，而是从"玄"产生，构成事物，又复归于"玄"，令事物消灭；而"玄"则是永恒的、不生不灭的。事物都处在"因而循之""革而化之"的辩证循环当中，"因"让事物稳定发展，"革"让事物在发展到适当阶段时产生质变，进入下一阶段。扬雄的好友刘歆补充道，人在这个过程中，起到"继天顺地，序气成物"的作用；人凭借对天地的认识来规范无序的气，保证事物按照规律运行。扬雄的社会观则表现在《法言》之中。他认为，先秦诸子的经典，已经将事物最基本的规律阐明了，最根本的思想都记载在孔子等人的经典中，因此必须仔细研读古文经典。至于秦汉兴起的图谶学说、神鬼学说以及其他神秘主义学说，则脱离了最根本的规律，无迹可寻，根本不足为信。因此，以天象和神鬼解释社会问题也是在自欺欺人；帝王将相获得权力只是因为他们有能力，而并不是因为某种神秘的命运。汉朝应该并用"因"与"革"，继承、批判、发展早期儒家对事物的根本规律的解释，而不是以神鬼之说妄言天意。

扬雄对原教旨儒学的推崇，在当时有力批驳了汉朝喜好神鬼之说的歪风邪气，抑制了以神秘主义对儒家思想妄加解释的不正之风，引导着儒家思想向系统、科学的哲学体系发展。古文学家曾巩十分认可扬雄的贡献，他在《筠州学记》中写道："至汉，六艺出于秦火之余，士学于百家之后。言道德者，矜高远而遗世用；语政理者，务卑近而非师古。当是时，能明先王之道者，扬雄而已。"

揚雄先生

君子之道有四易：
簡而易用也、要而
易守也、炳而易見
也、法而易言也。
揚雄先生如是說
己亥薛旺源寫

桓 谭

桓谭（前23—56），沛国相（今安徽濉溪）人，东汉著名哲学家、经学家、音乐家、天文学家，古文经学的代表人物之一。桓谭十七岁时入仕，在西汉末年、王莽新朝及东汉初年期间均曾入朝为官，但因为喜欢议论朝政、讥讽俗儒，始终不得重用，甚至曾因讥讽光武帝刘秀所信任的谶纬之学被下狱，险遭处死。著有《新论》一部与杂文二十六篇，但大多已经散佚，仅存残篇。

光武帝年间，皇后傅氏遭到冷落，昭仪董氏及其兄董贤受皇帝宠信，国丈傅晏闷闷不乐，找桓谭商量对策。桓谭以武帝年间卫青及卫子夫受宠的案例说明皇后可能被废，提醒傅晏当心。傅晏急忙向桓谭询问对策。桓谭说，"刑罚不能加无罪，邪枉不能胜正人"，劝傅晏谨言慎行，遣散门客，廉洁修身，不给人罗织罪名的理由。傅晏一一照做，后来董贤果然派人弹劾傅晏，搜查傅家宅邸，但未找到任何把柄，只能作罢。傅氏家族因此对桓谭十分感激。

东汉初年，王莽、刘秀等人在董仲舒天人感应论的基础上，将儒学神秘化，鼓吹谶纬之学，为自己的统治合法性服务。桓谭看到了神秘主义将社会治理寄托在偶然因素上的弊病，于是提出"咸以仁义正道为本，非有奇怪虚诞之事"，反对谶纬占卜，反对将儒家思想神秘化。他主张以古文经学解释儒家思想，主张考究文字的实据。秦汉时期的统治阶级还迷信长生之术，桓谭则明确指出长生绝无可能，认为生老病死是无可改变的自然规律。方士宣称"养神保真"就可以长生不死，桓谭则指出，精神无法影响身体的客观规律。他以蜡烛和烛火比喻形与神，认为身体是精神的质料，当身体的功能燃烧殆尽，精神也就随之熄灭了。桓谭还总结了事物阶段循环的自然规律，他以种子、树木与果实的循环为例，说明万物都处在生灭的循环当中，生死都是自然规律，是事物发展的必经阶段。

东汉时期，一部分士大夫已经逐渐摆脱周王朝以礼仪为重的传统，开始变得不拘小节，放浪形骸。"建安风骨"在此时已经初具雏形，但还不是士大夫阶层的主流，而桓谭就是这样一个率性洒脱的士子。《后汉书》称桓谭"简易不修威仪，博学多通，能文章，有见地，不谄媚，而喜非毁俗儒，由是多见排抵"。这种行事风格也反映了这些士子的心态：轻贱世俗，精修内心，不求他人理解，但求问心无愧。

桓譚先生

夫王道之治，先除
人害，而足衣食，
然後教以禮儀，
而威以刑誅，使知
好惡去就，已故大
化四湊，天下安樂，
此王者之術。
桓譚如其說
己亥辟邪，源寫

王 充

　　王充（27—约100），字仲任，会稽上虞（今浙江上虞）人，东汉著名思想家、哲学家、文学家。王充一生仅做过地方小吏，未能进入政治中心，但其代表作《论衡》集东汉道学之大成，在中国哲学史上有着重要地位；其他作品均已遗失。

　　王充自幼博闻强识，读过的书都能过目不忘。初到洛阳太学时，王充随班固之父班彪学习经学，但囊中羞涩买不起书，于是到洛阳的集市上坐地阅览售卖的书籍，看过一遍就能记下，"博通众流百家之言"。

　　王充的《论衡》旨在"铨轻重之言，立真伪之平"，即"疾虚妄"，体现了对谶纬神学的批判精神。其理论以道家思想为基础，认为"元气，天地之精微也"，"万物之生，皆禀元气"。王充反对两汉时期的神秘主义思想，认为天地是由道划分出的阴阳二气产生的，天分出阳气来生成万物，地分出阴气来规范和发展事物，这个过程顺应道与自然，没有任何主观意志的干涉，人也只不过是这个过程所产生的万物的其中一个，"其受命于天，禀气于元，与物无异"。因此，所谓天人感应现象都是偶然的，或者是人的气息紊乱时出现的幻觉；人是由气聚集而成的，气衰竭后人也就死亡了。依照这种世界观，王充批判了两汉时期"奉天法古"的思想，认为古人与今人一般无二，都是由天地之气演化出来的，没有高下之分，不能厚古薄今。王充还认为，古代的许多经史子集流传到现在，其内容真假已经难以考证，学习古代经史不能生搬硬套，要结合自己的反思理解其实质；今人在撰写文章时，应该尽力避免刻意使用古文的华丽辞藻，力求用最精练的语言表达最准确的意义。王充主张"事莫明于有效，论莫定于有证"，强调要用事实说话，要根据效果来检验认识的真伪，而且学习真知就是为了致用，"凡贵通者，贵其能用之也"。

　　在古代封建社会中，王充的思想常因否定先祖崇拜和天道崇拜而被封建学者们批评。但随着社会发展，到了近现代，学者们纷纷开始承认王充，肯定他的学说对人的思想的解放作用。胡适在其杂文中写道："中国的思想若不经过这一番破坏的批评，决不能有汉末与魏晋的大解放。王充哲学是中古思想的一大转机。他不但在破坏的方面打倒迷信的儒教，扫除西汉的乌烟瘴气，替东汉以后的思想打开一条大路；并且在建设的方面，提倡自然主义，恢复西汉初期的道家哲学，替后来魏晋的自然派哲学打下一个伟大的新基础。"

王亥芳先生云：

天地合氣，萬物自生……天地合氣之自然也。……天地不生故不死，陰陽不生故不死……夫有始者必有終，有終者必有始。唯無終始者乃長生不死。

己亥 薛叭源寫

张 衡

张衡(78—139),字平子,河南南阳人,东汉时期伟大的天文学家、算学家、地理学家、文学家。"南阳五圣"之一,与司马相如、扬雄、班固并称汉赋四大家。张衡出身于官宦世家,祖上历代读书修学,他受家庭氛围熏陶,从小就喜爱读书。年轻时,张衡数次被举为孝廉,但其无意功名,拒不赴任。后来在汉安帝时出任史官太史令,凭借丰富的天文学、地理学知识编写历法,还发明制作了最早的地动仪、浑天仪等科学器械。著有《灵宪》《归田赋》《二京赋》《张河间集》等。

张衡年幼时就对星星的运动规律特别痴迷。有一天,父母带着张衡到谷场上纳凉,其他孩子都在玩耍,只有张衡盯着星空一动不动。到了晚上,张衡的父亲准备带张衡回家,但张衡说还差一点就把星星数完了,让父亲再等一等。父亲说:"愿意学习是好事情,但是做事情要讲究方法和规律。如果你把星星分成星座,掌握它们的运动规律,你很快就能数完了。"张衡听完以后恍然大悟,很快就学会了归纳法,学习知识学习得更快了。

张衡最主要的哲学著作是《灵宪》。"灵"即人的灵性、人的思想能力;"宪"即法则、规律。在其中,张衡结合易学、道学思想和天文学知识,创立了"浑天论"学说。张衡引用了庄子的学说,用"宇宙"一词来形容最原始的存在。在庄子的道家思想中,"宇"是空间,"宙"是时间,张衡借用这两个概念建立起了一个以时间—空间为主轴的科学体系。张衡认为,"宇宙"不断生出气,气不断地化形,然后有形的气又灭亡而复归于宇宙。事物的生死都是自然规律,死亡并不是气彻底消失,而是气回归到了宇宙本身当中。而在它回归宇宙之前,处在有形阶段的事物都可以被认识,都可以被测量、计算。张衡认为,万事万物都处在"气"的运行改变过程当中,非常复杂,难以捉摸,但人能够按照规则、规范疏导气的运行,这就是人在宇宙发展过程中的重要之处。张衡还主张,天地万物的形态都可以用算学计算出来;他还根据他观察到的天体运动规律,按照他的浑天论原理,首次尝试着计算了天地的高度与深度。

张衡的思想有力驳斥了当时的谶纬神秘主义,创造了将理性计算纳入中国古代哲学思想的先例,将东汉的哲学思想带向了科学的方向。范晔在《后汉书》里如此形容张衡:"三才理通,人灵多蔽。近推形算,远抽深滞。不有玄虑,孰能昭晰?"这个评价,不仅充分肯定了张衡作为一个学者的思辨计算能力,更充分肯定了他作为一个哲人对人的灵性的解放。

張衡歌曰：皇皇者鳳，通玄知時，華於山趾，與帝遨期。言事有祥，惟漢之祺。

张衡与地动仪

己亥 薛旭源 欣写

王 符

王符（约85—约163），字节信，安定临泾（今甘肃镇原）人，东汉思想家、文学家、批评家。王符为大户人家的奴婢所生，在讲究门第的汉朝，他作为庶出之子地位低下，又不愿为官位谄媚权贵，因此隐居著述，终生不仕。但他曾游学至洛阳，与张衡、窦章、马融等著名学士交往甚密。王符认为，比起自己的名声，他的作品本身更值得人重视，因此自号"潜夫"，并将他自己的主要作品命名为《潜夫论》。

延熹五年（162），王符的同乡皇甫规从度辽将军任上卸职回乡，当地人纷纷登门拜访。安定的上一任太守带着礼品上门，但皇甫规却躺在卧房闭门谢客。太守入内问安，皇甫规却讽刺道："卿前在郡食雁美乎？"直言太守贪污受贿，太守惭愧而退。不一会儿，又有人说王符要来拜访，皇甫规大惊，衣服都没穿好，就光着脚出门迎接，携王符到府上对饮。乡人遂作民谣道："徒见二千石，不如一缝掖。"

王符的《潜夫论》中既有形而上学世界观理论，也有政治批评理论。在世界观问题上，他认为万物都是由名为"气"的基础物质组成的，它"莫制莫御"，"翻然自化"，不受任何意志的制约。王符将气分成三种——阳气、阴气和和气；阳气组成天，阴气组成地，和气组成人。天的作用是"施"，将阳光、雨露等播撒到地上；地的作用是"化"，即接受天的润泽后让万物演化；而人的作用是"为"，调整"施"和"化"的顺序和方向。王符将天、地、人合称为"三才"。在政治思想上，王符对士族门阀制度有着切身的痛恨。他认为，士族门阀没有承担任何社会职能，却占据了大笔财富。财富不会凭空产生，必然需要"人功"。士族门阀不劳动却能够享有财富，必然是窃取了农民的"功"，而当士族人口不断膨胀时，农民的财富必然越来越少，最后必然会导致社会动乱。他反对汉朝主流儒学的道德主观论，认为"礼义生于富足，盗窃起于贫穷"，指出了道德和客观的经济分配之间的密切关系。

王符的生平事迹主要记载于《后汉书》当中。范晔在其中充分肯定了王符作为一个政治批评家的能力，称"其指讦时短，讨谪物情，足以观见当时风政"，还单独在《后汉书》中摘录了王符的五篇杂文，当作政治批评的典范。冯友兰也在《中国哲学史新编》中提到，王符"能指出农民暴动是势所必至，这在当时有很大的进步意义"。

王符先生肖像

乙亥之夏薛晓源寫

劍不試則利鈍暗，弓不試則勁挠诬，鷹不試則巧拙惑，馬不試則良駑疑。

刘 劭

刘劭（生卒年不详），字孔才，广平郡邯郸（今河北邯郸）人，东汉末年魏国著名政治家、文学家、思想家、经史学家。汉献帝时举孝廉入仕，曹魏时期历任尚书郎、散骑常侍、陈留太守，封为关内侯。学问广博，曾主编《人物志》，参与编纂《皇览》《新律》。著有《赵都赋》《许都赋》《洛都赋》《上都官考课疏》等。

魏明帝曹叡时期，辽东太守公孙渊背叛魏国，接受了孙权的册封。文武百官商议后，都主张出兵讨伐，只有刘劭反对用兵。刘劭认为，此时用兵只会将公孙渊推向敌对，不如好言招抚，以使其犹疑不定，自乱阵脚；用兵伤及人命，劳民伤财，不到万不得已时不应用兵。曹叡采纳了刘劭的意见，后来公孙渊果然斩杀了孙权的使者献给魏国朝廷，群臣都佩服刘劭的先见之明。

刘劭的《人物志》分析了人形成不同心性的原因，是我国古代最早的人才理论著作。刘劭认为，自从天地开辟以来，元气化为阴阳二气，人的形与神也被阴阳二气所充斥。阴气盛的"玄虑之士"强于谋划而弱于决断，阳气盛的"明白之人"强于决断而弱于谋略。阴阳二气又化作金、木、水、火、土五行，分别对应人的筋、骨、血、气、肉。五行各自有其特性，例如金与水能将外物映于自身当中，属阴，火能够照亮外物，属阳，而土与木则是中庸之道。于是，刘劭得出结论说，金、木、水、火、土五行能够决定人的性情，且分别决定人的义、仁、智、礼、信。刘劭据此将人分为五个品级："圣人"五行兼备；"德行"只略次于圣人；"偏材"则有一方面或几方面特长；"依似"则是外强中干之人；"间杂"则是品性无常的庸才或小人。于是，刘劭就发展出了一套根据人相貌特征和行为特征来推测人的内在品性的理论体系。"相由心生"的说法就由刘劭的相术体系而来；魏晋时期的"九品中正制"，也将刘劭的相术当作魏晋统治者给人划分等级的理论基础。

同时期的文学家夏侯惠认为，刘劭"深忠笃思，体周于数，凡所错综，源流弘远，是以群才大小，咸取所同而斟酌焉"。若要识别不同的人的心性，首先就需要自己能随时调整自己的心性，可见刘劭在修身方面必然已经做到极致。

勸邵賓蘭

夫聖賢之所美，莫美乎聰明；聰明之所貴，莫貴乎知人。劉邵先生如是說。

己亥薛曉源寫

仲长统

仲长统（180—220），字公理，山阳郡高平（今山东邹城）人，东汉末年哲学家、政治理论家、文学家。仲长统年轻时，游学青州、徐州、并州、冀州，当时正逢汉末乱世，军阀混战，这四州战争尤为激烈，仲长统目睹了战争造成的惨状，对军阀政治极为痛恨，于是闭门谢客，不愿做官。后来荀彧以曹操的安民大志对其好言相劝，于是仲长统投靠曹操，但未得曹操重用，后多任文职，专心著述，写成《昌言》，又名《仲长子昌言》。

仲长统青年时，袁绍的侄子高干任并州刺史，喜欢招揽四方游士做门客，听说仲长统来游学，就派人将仲长统请到府上招待。仲长统到了高干府上后，对高干说："您的志向远大，才略却不足。您喜欢结交士子，却无法识别出其中真正的有识之士，而将雄才与庸才放在一起。所以我替您担忧，请深以为戒。"高干听后不怿，仲长统便告辞离去了。后来，高干果然在官渡之战中战败，在逃亡路上被杀，人们都佩服仲长统的先见之明。

仲长统在自然观上吸收了道家思想，但其思想与传统黄老之学相比又前进了一步。在仲长统之前，思想家们都强调"道"或者"天"对人的支配作用。仲长统则尖锐地指出，社会规律与自然规律不同，一个时代的治与乱取决于"人事"，而非"天道"；强调统治阶级的社会责任，反对统治阶级将责任推给自然现象。他认为，统治阶级争夺权力的结果，是由统治者自己的能力决定的。旧统治者欺压百姓，遭到反抗，而反抗者成为新统治者，长时间后又不可避免地会欺压百姓，于是历史就呈现出治世和乱世的循环；所谓"天道"只是统治者自欺欺人的口号，没有任何统治者可以代表自然规律。仲长统强调人在社会治理中的作用，认为法度可以因时而变，但是统治者必须是君子，君子用各种法律都能安定天下，小人用各种法律都能危害天下。

仲长统有生之年未能实现政治抱负，未能阻止军阀战争，也未能想出解决封建历史循环的对策，因此其后期文学作品日趋消极出世，但这种消极也恰恰证明了他为改善封建社会所做的努力。范晔《后汉书》这样描述仲长统："常以凡游帝王者，欲以立身扬名耳，而名不常存，人生易灭，优游偃仰，可以自娱，欲卜居清旷，以乐其志。"魏晋士子的消极出世态度，与当时世道的混乱不无关系。

仲长统先生

家佛之当天命者，未始有天下之分者也。無天下之分，故戰爭者竟起焉。此語源自《昌言》之理亂篇也。己亥薛晓源寫

曹 植

曹植（192—232），字子建，沛国谯县（今安徽亳州）人，东汉末年著名文学家、思想家，在建安文学中取得了最高成就，在文学史上与曹操、曹丕并称"三曹"。曹植早年亦曾立有政治抱负，但因其心性放浪不羁，不愿受政治规则约束，终未能在政治上有所建树，后半生被曹丕迫害，抑郁而终。其代表作品有《洛神赋》《白马篇》《七哀诗》等。

据陈寿《三国志》记载，曹操建造铜雀台时，曾邀请麾下的士子一同登台作赋。曹植第一个写下《登台赋》，众人读完交口称赞。曹操却有些怀疑，问道："你可曾求人代笔？"曹植则果断地答道："孩儿开口就能析明事理，提笔就能写成文章，何必求人代笔呢？"曹操大喜过望，自此之后将许多军政事务交给曹植管理。但是，曹植虽有理政的能力，却没有理政的态度，整日饮酒作乐，最终失去了继承地位。

曹植在文学理论、艺术理论等领域都有建树，其文学作品中也多次体现了其哲学思想和世界观。由《三国志·魏书》的记载可知，曹植及其父兄都支持张衡、桓谭等人的气本原论，认为神秘主义不可取，事物的生死规律不可逆。因此，曹植认为，在短暂的生命中，有才之人不应浪费时间隐居山林，而应该积极参与政治，建立功业。在文学方面，曹植主张"异代之文，未必相袭"（《鼙舞歌序》），认为时代会给旧的文学形式赋予新的内涵。曹魏诗歌虽然继承了乐府诗体，却多在吟咏人间沧桑和历史大势，其气势慷慨悲凉，自成一格。此外，曹植还专门为其艺术理论撰写了一篇《画赞序》。文中曹植认为，"观画者，见三皇五帝，莫不仰戴；见三季暴主，莫不悲惋；见篡臣贼嗣，莫不切齿；见高节妙士，莫不忘食；见忠节死难，莫不抗首；见放臣斥子，莫不叹息；见淫夫妒妇，莫不侧目；见令妃顺后，莫不嘉贵。是知存乎鉴戒者图画也"，说明绘画可以引起人的感情共鸣，令人意识到某些道德问题的重要性，进而对此"存乎鉴戒"。"盖画者，鸟书之流也"，提出了书画同源的观点。"故夫画所见多矣，上形太极混元之前，却列将来未萌之事"，说明绘画凭借艺术想象可以建构既往和未来世界，具有丰富的表达力。

曹植的才华在魏晋南北朝时期得到举世公认，士子们都自叹不如。东晋大诗人谢灵运评价曹植的文学造诣时称："天下才共一石，曹子建独得八斗，我得一斗，自古及今共用一斗。"古代清高士子素来相轻，但是谢灵运在吹捧自己时，仍然将曹植放在最高的位置上，可见曹植在文人才子们心目中的地位。

牛郎与织女

己亥 薛晓源 写

阮籍

阮籍（210—263），字嗣宗，陈留尉氏（今河南开封）人。阮籍是"正始之音"的代表，竹林七贤之一，曾任步兵校尉，世称阮步兵。阮籍的父亲阮瑀是"建安七子"之一，字元瑜，在当时是非常有名的文学家。阮籍作有《达庄论》《通老论》《通易论》等，在王弼、何晏已经把《周易》和《老子》作为玄学经典的基础上，阮籍又加了一部《庄子》，玄学家称其为"三玄"。

《世说新语》讲了阮籍"恣情任性"而"放"的故事。据说，当时在军营的厨房里，储存着不少好酒，那里有一个厨师还特别擅长造酒。阮籍嗜酒如命，他竟然请求去那里担任校尉。有一次，"阮籍嫂尝还家，籍见与别。或讥之。籍曰：'礼岂为我辈设也？'"阮籍认为，礼教的那些条条框框不是为他们这些士族设的，他们可以不受其约束。还有一次，司马昭请客，阮籍那时候正居母丧，依然饮酒吃肉。司隶何曾批评说："明公方以孝治天下，而阮籍以重丧，显于公坐，饮酒食肉，宜流之海外，以正风教。"司马昭还为阮籍解释说："嗣宗毁顿如此，君不能共忧之，何谓？且有疾而饮酒食肉，固丧礼也！"何曾是一个"礼法之士"，他在宴会中当着司马昭公开批判阮籍。但阮籍饮啖不辍，神色自若，这说明他早已从礼法的条条框框中"放"出来了。

在其代表作《大人先生传》中，阮籍认为，"泰初贞人，惟大之根，专气一志，万物以存"，说明元气是宇宙的本原，"一气盛衰，变化而不伤"，说明万物的存在与差别是相对的，无论从无外还是从有内说，一切的事物，都包括在天地之内，其《达庄论》主张"万物一体"。以此宇宙论为基础，阮籍提出其理想人格："至人"超出善恶是非，不以自己为好，不以别人为恶；"至人"不以自己为是，不以别人为非。"至人"不但超出社会，还要超出自然界，即所谓"登乎太始之前，览乎忽漠之初"。大人先生应当"与造物同体，天地并生，逍遥浮世，与道俱成，变化散聚，不常其形"，阮籍认为这才是人的最高精神境界。在社会政治观上，阮籍主张"自然"，排斥名教，批判礼法实际上是"天下残贼、乱危、死亡之术"，其理想社会是"各从其命，以度相守"，提倡人人生活在自然、自由的状态中。

冯友兰认为，阮籍对于现代哲学中所说的宇宙已有所认识了，其主张"越名教而任自然"，实际上是对正始玄风的一种补充。对于正始玄风的贵无派来说，其代表人物何晏、王弼所讲的贵无限定在自然观领域，而阮籍、嵇康所讲的贵无则是限定在社会思想领域。所以说，他们在对名教的批判中所强调的贵无，是可以相互补充、相互支持的。

阮籍先生

林中有奇鳥、自言
是鳳凰。清朝飲
醴泉、日夕棲山岡。
高鳴徹九州、延
頸望八荒。
錄阮籍先生詩
己亥薛때源寫

刘 伶

刘伶（约221—约300），字伯伦，沛国（今安徽淮北）人，魏晋时期著名文学家、思想家，竹林七贤之一，主要作品有《酒德颂》《北芒客舍》等。

刘伶是竹林七贤中出身最低的一位，且五短身材，容貌丑陋，因此不为主流社会所容，只和阮籍、嵇康二人交好，饮酒作乐，不沾世故，以嗜酒如命闻名，人称"醉侯"。刘伶曾在同为竹林七贤之一的王戎手下做官，却故意消极怠工被遣退，此后但凡有人召其做官，刘伶都故意饮至大醉，让人无可奈何而作罢。

据《世说新语》记载，有一天，刘伶犯了酒瘾，向其妻子讨酒喝。他的妻子把酒倒掉，把酒器摔碎，哭着说："你这样喝酒过头了，对养生很不好，一定要戒掉。"刘伶说："那好吧，可我自制力不强，只能向鬼神起誓，拜托你准备祭祀的酒肉。"于是刘伶的妻子备好酒肉，刘伶对着酒肉祷告说："我刘伶生来就是喝酒的命，喝五斗酒我的病就好了，妇人不懂我的苦衷，她说的话不能听。"于是端起祭祀的酒又喝了起来。后人据此发明成语"以酒解酲"，比喻用导致问题的方法解决问题。

刘伶在其作品《酒德颂》中，极力称道饮酒对其思想解放产生的作用。他认为，通过饮酒、服用"五石散"等致幻方式，可以达到放浪形骸的效果，解放人的心灵，让人在幻境中通达物我两忘的境界。但是，只有认识到了物我两忘之境界的人，才能借助幻觉达到这种境界，否则只是"作达"而非真正的"达"。对于境界未到的人而言，饮酒不过是普通的买醉。刘伶还详细描绘了这种饮酒的境界："无思无虑，其乐陶陶。兀然而醉，豁尔而醒。静听不闻雷霆之声，熟视不睹泰山之形。不觉寒暑之切肌，利欲之感情。俯观万物，扰扰焉，如江汉之载浮萍。"刘伶认为，要在饮酒后达到这种境界，不仅要生理上醉，更要自觉无虑。有对无虑的自觉，才是这种境界的"所以达"，没有这种自觉而饮酒，便只是装模作样的"作达"。

刘伶成为中国古代思想史上借酒超越人生有限性的一个典型。生活在一个政治动荡而且传统文化秩序被破坏的年代，除了以独特的生存方式消极逃避以表达对现状的不满与反抗外，文人学者找不到更好的方式保持自己的人格独立与精神自由。

天生龡俞乃酉聲名

己亥薛曉源寫

王　弼

　　王弼（226—249），字辅嗣，魏山阳（今河南焦作）人，著名哲学家、经学家、玄学家，魏晋玄学的创始人之一，也是玄学贵无派的代表人物。王弼的继祖父是汉末大文学家王粲，家风好读书，因此王弼自幼博学多才，好读老庄之学，成年后任尚书郎，与钟会、何晏等人交好，但不幸感染疠疾，英年早逝，终年二十四岁。著有《老子注》《老子指略》《周易注》等作品，今收入《王弼集校释》。

　　王弼气质清正高傲，在官场上为人所不喜。正始年间，曹爽拥兵专权，把持朝政，何晏等人纷纷归附。曹爽派人请王弼到府上，屏退左右，向王弼询问政务，王弼却只谈玄学，招致了曹爽的不满，于是未对其委以重任。王弼性格又豁达，不专门经营自己的名声，因此一直不得重用。但司马懿发动政变诛杀曹爽后，王弼仍然遭受牵连，被免去官职，王弼却对此毫不在意，泰然自若。

　　王弼擅长分析老庄玄学，崇尚"无"的道理。他在《老子注》中说，"一玄"是知道了事物本质的空无，"二玄"是知道了对这种空无的认识本身也是无住的，因此才说，"玄之又玄"才能超越主观偏见，才是"众妙之门"。但王弼也认为，"无"不能离开"有"，"天下之物皆以有为生"；"大音""大象"虽然不是任何一种音或象，但若失去了所有的音与象，就不可能有大音或大象。据此，王弼主张，"道"是体，"万物"是用，"无"是体，"有"是用，体与用相辅相成，但体居于核心地位。王弼还主张，"一"是普遍性，"多"是特殊性，特殊的东西要围绕普遍的原理运作，"一"是"多"的根本。了解了背后的"一"，就能制御纷繁复杂的"多"。但王弼也认为，事物的变化是复杂多样的，没有固定的形式，人可以从"一"推出"多"的大致范围，却不可能让现实和推算完全一致。王弼又喜欢讲老子的"观复"，认为"复"是事物运动的根本规律，事物总要在范畴的两面之间不断循环。王弼还提出"得意忘象"的认识论，认为经验知识有限，在经验层面上不可能给予"本体"。

　　古代学者大多崇尚经世致用，王弼却独好玄学，不谈政治，因此未能成为主流，但这并不妨碍王弼成为一个出色的玄学学者。西晋文学家何劭曾专门撰写《王弼传》，其中称"弼天才卓出，当其所得，莫能夺也"。陈寿所撰《三国志》中也记载道，"弼好论儒道，辞才逸辩"。

王弼先生

王弼在《周易略例·明象》中如是云：

言者所以明象，得象而忘言；象者所以存意，得意而忘象。

己亥薛晓源写

向 秀

向秀（约227—272），字子期，河内怀县（今河南武陟）人。魏晋时期文学家、思想家、玄学家，竹林七贤之一。向秀早年隐居不仕，结交嵇康等人读书，好论玄学。后嵇康、吕安等人先后被司马昭所害，向秀迫于威压接受了司马昭的任命，官至黄门侍郎、散骑常侍，但在官任上消极不作为。曾试作《庄子注》，未成而亡，余下部分由郭象完成。另有文学作品《思旧赋》《难嵇叔夜养生论》等流传于世。

竹林七贤中，向秀与嵇康私交最好。二人性格差异极大，向秀温文尔雅，嵇康豪放洒脱，向秀不善饮酒，嵇康却嗜酒如命，但是二人观点相合，一见如故。向秀、嵇康二人都有打制铁器的爱好，于是二人合伙经营铁匠铺谋生。有时一些士大夫带礼物慕名来访，却只见二人在嵇康家门前赤膊打铁，旁若无人，自得其乐，只得作罢离去。

在魏晋玄学的有无之争中，向秀偏向于崇有论，他反对将语言观的有无套用在物质观上，认为物质不是"无中生有"，而是"不生不化"的，是"自有"的。但向秀又不像其他崇有学者那样支持入世之理，而是试图调和入世与出世的冲突。在儒家的"名教"与道家的"自然"的冲突上，向秀肯定了"口思五味，目思五色"是自然之理，主张"开之自然，不得相外"，但又认为必须"节之以礼"。向秀试图让礼教为人的本性服务，成为规范本性的辅助工具。他认为，儒家的圣人之道本身无错，错的是人们不结合自己的心性气质考虑；人们认识不到礼教只是服务于本性的工具，而是将它本身当成目的，这才导致了儒家文化观念的危机。向秀认为，庄子所谓逍遥，本质是人对自己的本性的实现，如果满足了本性，那么手段的差异便无关紧要，正如人睡着后便不知道自己睡在什么床上了。因此无论是大鹏还是燕雀，只要能够正确认识自己的本性，并且泰然安之，物我两忘，就都能够实现真正的逍遥。

向秀推进了魏晋道家思想的发展，让魏晋道家思想更加包容，在社会各阶层中爆发出了强大的生命力，促成了后来的元康玄学的兴盛。东晋艺术家戴逵在《竹林七贤论》中写道："秀为此义，读之者无不超然，若已出尘埃而窥绝冥，始了视听之表，有神德玄哲，能遗天下外万物，虽复使动竞之人顾观所徇，皆怅然自有振拔之情矣。"

向秀先生寓像
己亥薛曉源
赫然寫之

郭 象

郭象（约252—312），字子玄，河南洛阳人，魏晋玄学的代表人物，主张无无论。其生前仕途顺利，曾一度成为西晋当权人物。《晋书·郭象传》说："东海王越引为太傅主簿，甚见亲委，遂任职当权，熏灼内外。"郭象曾将向秀、嵇康、司马彪等人对《庄子》的注解集合为集注，辅以自己的见解，但由于未在书中表明句子的出处，因此被史家视为抄袭，受到诟病。另著有《论语体略》，已佚。

关于郭象生平的史料记载十分稀少。《晋书》记载，郭象早年闲居家中，喜好清谈，擅长解读老庄经典，州郡长官召其任职，均辞不就，认为自己的才学不应屈就州郡之职。后郭象与东海王司马越交好，于是被提拔到朝廷，任太傅主簿。这一行为招致了在野士族的不满，他们认为郭象违背了清心寡欲、崇尚自然的原则，于是纷纷对其进行抨击；郭象未对此做出回应。永嘉末因病逝世。

自从裴頠的《崇有论》面世，魏晋玄学便有了崇有和贵无之争。郭象则另辟蹊径，主张无无之论，认为事物"块然而自生耳"。万物"自生"，因此"无"就不是必需的了，此之谓"无无"。事物的自生是"块然"的，任何事物都必然意识不到自己的本质，将其当作理所当然的。基于这种"自生"论，郭象认为，对事物的认识，应该针对它本身，而不是所谓的"原因"，因为追问起来没有穷尽，而且追问所得的"原因"已经是另一个事物，而不是被问的事物本身了，也就无法问及它的"自生"。郭象称这种考察方式为"自尔"，称这种态度为"与物无对"，也就是让认识者顺应事物的规律，而不是把认识者和事物对立起来。自生与自尔，合并起来就是自然。郭象主张，事物的自性是它生成和变化的根本，不同事物之间虽有联系，却不足以成为事物诞生的根本原因。但郭象也强调，事物之间的联系对事物的发展同样重要，例如唇不能生齿，但唇亡齿寒乃是颠扑不破的。他还认为，事物的命运是由内因和外因、必然原因和偶然原因交织产生的，人无法预测，因此才对未知的死感到惧怕。只有放弃这种试图掌握命运的想法，以全局视角看待事物命运的必然和偶然、内因和外因，才能"齐死生，同人我"，实现"道通为一"。

郭象的观点肯定了内因是事物发展的根本原因，否定了外因主导论，又辩证肯定了事物的联系，否定了唯内因论和机械决定论，在当时有非常积极的进步意义，是当时道家思想的集大成者。冯友兰认为，对于魏晋玄学来说，郭象的理论"是用'辩名析理'的方法建立起来的一个完整的体系。它是玄学发展的高峰，在这个发展的阶段中，他处于否定之否定的地位"。

郭象先生

万物万情，
耻舍己同，君有真宰
使之然也。起索真
宰之朕迹，而亦终不得，
则明物皆自然，
无使物然也。……
相因之功，莫若独化
之至。郭象先生如是说。
己亥薛晓源

裴 頠

裴頠（wěi）（267—300），字逸民，河东闻喜（今山西闻喜）人，其父是司空裴秀。裴頠是西晋的"名士"和哲学家，官至侍中、光禄大夫、尚书左仆射。《晋书》称裴頠"弘雅有远识，博学稽古，自少知名"。时人认为"頠若武库，五兵纵横，一时之杰也"，"頠才德英茂，足以兴隆国嗣"。裴頠著有《崇有论》《辩才论》。冯友兰认为"《辩才论》大概是讨论当时所谓才性问题的"。可惜这本书还没有完成，裴頠就为赵王司马伦所杀，终年三十四岁。故流传下来的只有《崇有论》，载入《晋书·裴秀传》。

裴頠对时政颇有影响。元康元年（291），叛臣杨骏即将被杀，其党羽左将军刘豫率兵来救，路遇裴頠，询问太傅杨骏所在。裴頠骗道："刚在西掖门遇到，见太傅乘素车，带领两个随从，往西边走了。"刘豫说："我到哪里能找到他？"裴頠说："应该到廷尉。"刘豫信以为然，事实上却远离杨骏而去。不久，裴頠接到朝廷诏命，命其代替刘豫任左军将军，在万春门驻扎。等到杨骏被诛，裴頠因平叛有功，当封武昌侯。裴頠在任时，"奏修国学，刻石写经"，完备礼乐；被朝廷提拔，每每辞让；还常常上表谏言，为朝政而忧；为官耿直，得罪谄臣赵王伦，最终被害。

裴頠对"口谈浮虚，不遵礼法，尸禄耽宠，仕不事事"的放荡时俗深感忧患，坚决反对何晏、阮籍、王衍之徒的"贵无论"，针锋相对地提出"崇有论"以"释其蔽"。《崇有论》开篇即曰："夫总混群本，宗极之道也。"贵无论认为"无"是宗极之道，裴頠则认为"总混群本"即整体上错综混杂的"群有"才是宗极之道，这就从根本上和贵无论完全区别开来了。冯友兰认为《崇有论》的主要思想是十六个字，并主张其次序句读为："夫有，非有于无，非有。于无，非无于有，非无。"这句话就是在讲，有是相对于无而言的，无是相对于有而言的。如果有不是相对于无而言的，那么，有就没有意义。反过来说，如果无不是相对于有而言的，无也没有意义。这里的有和无都是针对具体事物而言的。

冯友兰认为，裴頠的崇有论代表了魏晋玄学的第二阶段：否定了贵无论的自然观，认为"无不能生有"；也否定了贵无论的社会政治理论，认为名教不可越。

裴頠先生 在《崇有論》云：

夫至無者無以能生，故始生者自生也。自生而必體有，則有遺而生虧矣。生以有為已分，則虛無是有之所謂遺者也。

己亥薛曉源

欧阳建

欧阳建（约269—300），字坚石，渤海南皮（今河北南皮）人，西晋官员，历任尚书郎、冯翊（今陕西大荔）太守。大臣石崇之甥，鲁公二十四友之一。赵王司马伦专权时，欧阳建多有直谏，由是与司马伦有隙。司马伦篡位后，欧阳建与潘岳共劝淮南王司马允诛杀司马伦，事泄，遭灭三族。临刑时，欧阳建作《临终诗》，此外还著有《言尽意论》。

《晋书》称欧阳建"雅有理思，才藻美赡，擅名北州。时人为之语曰：'渤海赫赫，欧阳坚石'"。《世说新语》说："旧云王丞相过江左，止道声无哀乐、养生、言尽意三理而已，然宛转关生，无所不入。"王丞相即王导是东晋政治上和思想界中的重要人物，他所谈的三理，是嵇康的《声无哀乐论》《养生论》和欧阳建的《言尽意论》。由此可见，欧阳建在当时的朝野具有很大的影响，而他的《言尽意论》则是当时的一篇重要哲学著作。

在其《言尽意论》中，欧阳建说："诚以理得于心，非言不畅；物定于彼，非名不辩。言不畅志，则无以相接；名不辩物，则鉴识不显。鉴识显而名品殊，言称接而情志畅。"这段话批判了荀粲等玄学家提倡的"言不尽意"的不可知论以及王弼的"得意忘象"论，认为人们如果不用语言，就不能用名称把事物区别开来，就不能表达所认识的客观规律，人与人之间也无法进行思想与感情的交流。在此基础上，欧阳建认为："原其所以，本其所由，非物有自然之名，理有必定之称也。欲辩其实，则殊其名；欲宣其志，则立其称。名逐物而迁，言因理而变，此犹声发响应，形存影附，不得相与为二，苟其不二，则无不尽，吾故以为尽矣。"这说明，事物本身没有名称，其名称是由人们约定俗成的，事物是其名称的客观根据，名称并非事物本身，事物与其名称既有区别又有联系。正是由于名称和语言要随事物及其规律的变化而变化，二者趋于一致，因此可以达到"言尽意"。

冯友兰认为，欧阳建的这篇哲学论文，阐明了反映论，批判了先验论，在中国哲学史上是唯物主义路线中的重要著作。楼宇烈先生也认为，欧阳建在批判"言不尽意"的不可知论中，把唯物主义的认识论向前推进了一步。

欧阳建先生

在《言尽意论》云：

形不待名，而方圆已著；
色不待称，而黑白以彰。
然则，名之於物，無施者
也；言之於理，無爲者
也。己亥之盛夏薛以源寫

葛 洪

葛洪（284—364），字稚川，自号抱朴子，丹阳郡句容（今江苏句容）人，晋朝著名道学家、医学家，世称小仙翁。葛洪出身于江南没落士族家庭，幼年丧父，但胸有大志，好读经书，为人内道外儒，有魏晋名士风范。西晋末年葛洪入朝为官，参与镇压起义军有功，但因官场混乱辞官归隐；东晋初年再次出山为官，但受腐败的吏治所迫，再次归隐广州罗浮山，著述讲学，不再过问世事。著有《抱朴子》《金匮药方》《碑颂诗赋》等。

相传，葛洪隐居茅山抱朴峰时，有两个茅山弟子因为终日看守丹炉，烟熏火燎，得了肺病，用了各种药物都不见好转，葛洪十分心急。一日，葛洪上山采药时，发现了一种未曾见过的藤蔓，其根如白茹，渣似丝麻，能榨出白液，略带甘甜。葛洪尝其味道，发现可清热解毒，于是带回道观，煎药给弟子服用，两个弟子很快就痊愈了。后人为了纪念葛洪，将这味中药命名为葛根。

葛洪的思想主要记载于《抱朴子》当中，其中内篇记载修身之术，外篇记载治国之术。在内篇中，葛洪阐述了道家精修内心的方法。葛洪的世界观继承了道家"玄"的范畴，认为"玄"是"自然之始祖，而万殊之大宗"，是万物之所以得以区别、得以成就自身的本原。在认识论上，葛洪提出了"虽圣虽明，莫由自晓，非可以历思得也，非可以触类求也"这一观点，认为人不能仅靠经验习得智慧；但他并未认识到知性和反思在认识中的作用，而是认为人要习得智慧必须依靠贤师的矫正。在实践上，葛洪反对占卜灾异鬼神，认为这些都是局限在小事上的外道，不能通达道家真正的玄微境界。在外篇中，葛洪痛斥了"英逸穷滞，饕餮得志，名不准实，贾不本物"的社会状况，并提出了一系列社会治理措施和道德标准。葛洪在社会道德观上，强调个人的作用，认为社会道德是个人的道德的集合。他认为，庸人并不是学习道德规则的能力不如贤人，而是"心神所蔽"，所以对道德故意视而不见。要去除心神的蒙蔽，就需要学会按照内篇中的方法修身；但是庸人出于其秉性又必定不愿意修身，于是必定导致"贤常少而愚常多，多则比周而匿瑕，少则孤弱而无援"，庸人当道必然成为社会常态。葛洪认为这是无法避免的，因此在社会观上采取消极态度，认为贤人应该消极避世，隐居修仙。

道教的后人对葛洪十分崇拜，认为葛洪已经得道之大成，死后飞升成仙，将葛洪列入仙位供奉。而唐初房玄龄等人编纂的《晋书》对葛洪的评价则比较切合一般学者的看法："洪博闻深洽，江左绝伦。著述篇章富于班马，又精辩玄赜，析理入微。"葛洪善于研究道学最普遍必然的大道思想，其著作对人修习心性、思辨道理有着重要的作用，因此得到了道教和学界的一致认可。

葛洪先生

葛洪先生讚曰：
玄者，自然之始
祖，而萬殊之大
宗也。……道之著
可以陶冶百氏，
範鑄二儀，胞胎
萬類，酝釀彝
倫者也。
己亥薛晚源寫

慧　远

　　慧远（334—416），俗姓贾，中国东晋时高僧，雁门郡楼烦县（今属山西原平）人，出身于世代书香之家。二十一岁往太行恒山（河北曲阳西北）参见道安，转成道安上座弟子。后入庐山，住东林寺，领众修道；居庐山期间，他与刘遗民等同修净土，为净土宗之始祖。著作主要有《沙门不敬王者论》《明报应论》《三报论》等。

　　慧远治佛学，善于般若，兼倡阿毗昙、戒律、禅法等，故佛教中观、戒律、禅、教及鸠摩罗什关中胜义，都仰仗慧远而流播江南。他在佛教修持方面，倡导念佛三昧，认为念佛能够使人精思专一，志一而不分，念想寂定，气虚而神朗。修持者能够使自己精一气虚，则可以达成智悟而直观万物缘起之性空，使自己的神思朗照，做到穷玄极寂，而无幽不彻。故慧远认为念佛三昧，功高易进，为万法之先。通过讽诵如来之尊号，修佛者能够体神合变，应不以方，从而气虚神朗，故他高度评价此法，以其为自然之玄符，可以会一而致用。他还对念佛三昧何以有如此之神效做过解释，认为其主要原因在于修行人通过称念佛之名号，使自己的心与所念之佛相应，达成心与念的一致，如此则可以进入一种念佛之"定"境。在这种定的境界中，修持者昧然忘知，即所缘之佛，而生神鉴之明；此神鉴之明发起之后，修行人就可以灵相湛一，清明自然，元音叩心，滞情融朗。故在慧远看来，此念佛法门非徒"文咏"而已。

　　慧远还主张神不灭论和因果报应论。他以薪火之喻，阐明其神不灭的思想，认为"神"圆应无穷，妙尽无名，感物而非物，故物化而不灭。火之传于薪，犹神之传于形，火之传异薪，犹神之传异形。无明是一切迷惑的根本，贪爱是一切痛苦的根源，造业则受报应，业是因，有因则引起果报，果报有三：一是现报，善恶报于此身；二是生报，善恶报于来生；三是后报，累劫多生后受报。慧远及其佛学思想在东晋时期产生了重要的政治和社会影响。

慧儼大師

己亥之夏 薛曉源敬寫

鸠摩罗什

鸠摩罗什（梵文音标 Kumārajīva，又译作童寿，344—413），祖籍天竺国，出生于龟兹国，东晋时期著名佛学家、哲学家、翻译家。佛教传说中，鸠摩罗什乃佛陀弟子舍利弗转世；其祖上为印度婆罗门名门，家庭教育环境良好。鸠摩罗什幼年即能博览群书，青年时游学天竺各邦，精通梵文与汉文；中年时游学至凉州，与弟子一同将《金刚经》《法华经》等十余本佛教经书译为汉文，系统地向中原地区介绍了佛教的中观论思想。

前秦皇帝苻坚将鸠摩罗什带至中原后，为了留住他，将其灌醉后与龟兹公主关于一室，强迫他在中原成立家室，鸠摩罗什酒醒后只得娶公主为妻。弟子们对他破戒娶妻一事表示不满，于是鸠摩罗什吞下钢针向众人明示心志，并解释说，如果为了自己守戒的清名而弃公主于不顾，就着了名相，违背了佛法的慈悲之心。弟子们听罢觉得有理，于是不再议论。

鸠摩罗什认为，翻译佛经不能以字面意义的对应为标准，因为佛经真正要传达的东西并不在字面意义当中，而在其营造的佛性意境中。他认为，好的译文要能够创造出佛法的意境，如果只做直译，就会"失其藻蔚，虽得大意，殊隔文体"，因此他在译经时多采用意译和异化的方式，以求让不同语言的佛经给人形成相同的心灵印象，其翻译的理念与近代印象派艺术思想有异曲同工之妙。对于一部分梵文专有的概念，鸠摩罗什主张直接音译，令诵经者在音律中感受这些词语的意境，如"菩提"（Bodhi）、"佛陀"（Buddha）等。鸠摩罗什还完善了佛经译场的制度，其译场内有八百名弟子一同工作，遇到有争议的问题便现场辩论，然后将达成的共识记述下来，此后还有专人负责校对，最后由其亲自验收。这些制度与翻译方法一直为后世所沿袭。

鸠摩罗什一直主张，文字真正要表达的内容在其字面意义之外，而翻译多数只能译出字面意义，因此梁启超认为鸠摩罗什是持不可译论的。但鸠摩罗什又确实使用不同的语言表达出了本来"不可译"的东西，完成了译不可译之经典的艰巨任务，因此梁启超称其为"译界第一流宗匠"。

鳩摩羅什大師

己亥薛曉源寫

心山育明德，流薰萬由延。哀鸞孤桐上，清音徹九天。羅什大師詩

竺道生

竺道生（355—434），俗姓魏，巨鹿（今河北平乡）人。晋宋之际著名佛学家，撰写了《二谛论》《佛性当有论》《法身无色论》《佛无净土论》《应有缘论》等诸多著作。

竺道生幼年跟从竺法汰出家，按照时俗，改姓竺。后来跟随鸠摩罗什译经。当时佛学界有三大经典——《般若》《毗昙》《涅槃》，竺道生能直接此源头，集其于一体，他将般若学、毗昙学和涅槃学融会贯通，进而阐发其涅槃佛性思想，在当时被人称为"涅槃圣"。

当时在建康流传着法显带回来的六卷《泥洹经》译本，在经文中强调了一种观点，认为一切众生皆有佛性，但"一阐提人"却是被排除在外的。这里所讲的"一阐提人"，就是指那些极恶众生，认为他们的善根已完全断绝，在他们身上已不可能存在能够成佛的菩提种子。而竺道生遍读经文，进行了全面而细致的研究，进而得出了独到的结论，他主张，根据经文，"一阐提人"既是众生，通过修行完全能够成佛。由于这种观点与众不同，形成了对当时主流观点的严重挑战，马上招来围攻，竺道生最终受到佛教戒律的开除处分。传说竺道生来到虎丘山后，他给石头讲解《涅槃经》，在讲到"一阐提人"时，他明确地提出了自己的观点，认为"一阐提人"也有佛性，他还向那些石头发问：是否他的观点与佛经一致？真是不可思议，据说那些石头都点了点头，表示同意他的说法。自此之后，这个传说就在民间流传起来，成了千古佳话。据说后来出现了大本《涅槃经》，其中明确地记载着"一阐提人"有佛性的说法，时人对竺道生佩服得五体投地，竺道生也开始在庐山讲起此经来。

关于竺道生的佛性论思想，方立天将其总结为"既否定了以般若学的'空'怀疑涅槃学的'有'的观点，也否定了把佛性常住与灵魂不灭相混同的观点"。更为重要的是，方立天认为："竺道生的佛性论既和般若实相本体相结合，又吸取中国固有哲学的本体观念，把心性论和本体论相结合而纳入了中国传统哲学思想的框架之中，为从心性论向佛性论打开思想通道；又将佛教心性论、佛性论植根于中国哲学的土壤之中，从而产生了巨大的影响。"汤用彤也认为，竺道生孤明先发，微言未绝，其顿悟见性之说，造成数百年学风。

竺衜生廬山傳法圖

夫佛身者,丈六體也。
丈六體者,以法身出也。
以從出名之故,曰即法身
也。……法身真實,丈
六立假。竺道生大師
如曰是說。
己亥薛曉源寫

何承天

何承天（370—447），世称何衡阳，东海郡郯县（今山东郯城）人，东晋至南北朝时期著名的思想家、天文学家、音乐家、数学家。何承天五岁时父亲去世，而后师从舅父徐广读书，遍览经史子集；成年后历任辅国府参军、浔阳太守等职。东晋时期曾随谢晦起事，谢晦死后得赦；刘宋王朝时，由于性格孤傲，为同事所不喜，屡遭弹劾，后因泄密被免职，卒于家中，终年七十八岁。著有《礼论》《达性论》《报应问》等三百卷作品，大部分已经散佚。

何承天博闻强识，能够准确辨认各种古书与古迹。一日，宋文帝到玄武湖督工时，发现玄武湖处挖出了一座古坟，并且在古坟的外缘发现了一个带柄的铜斗。何承天立即认出这是王莽时期的铜斗，并根据地理位置推断，这座坟墓的主人是王莽新朝的大司徒甄邯。宋文帝命人将坟墓挖开，石碑上果然刻着"大司徒甄邯之墓"。文帝与随行的官员都甚为叹服。

何承天的学说非常丰富。在哲学方面，他致力于批判南北朝时期民间佛教思想的不合理之处。他反对佛教的轮回说，主张形神统一，认为人死后形神俱灭，与天地化为一体；神无法脱离形存在，也不会在不同的物体间转移。他在《达性论》中称，"人非天地不生，天地非人不灵"，人作为有智慧、有灵性的生物，与其他的生物有根本区别，不能与其他生物一起并称为"众生"。在乐理方面，何承天发明了近似于十二平均律的何承天新律，解决了三分损益十二律不能还相为宫的问题。在天文历法方面，何承天修订了《元嘉历》，修正了旧历法中冬至日时刻不准的问题；发现了月球运行速度的不均匀性，改平朔法为定朔法，修正了月历；创立了调日法，改革了上元积年法，提高了数学常数和天文学常数的测算精度。这部历法一直沿用到梁武帝时期，才被祖冲之创制的《大明历》取代。

作为一名在许多领域都有建树的学者，何承天的博学多才也被史家看在眼里。《南史·何承天何逊传》用一段精辟的文字充分赞誉了他的生平事迹："夫令问令望，诗人所以作咏；有礼有法，前哲由斯播美。……蔚宗艺用，有过人之美，迹其行事，何利害之相倾。徐广动不违仁，义兼儒行。鲜之时称'格佞'，斯不佞矣。松之雅道为贵，实光载德。承天素训所资，无惭舅氏，美矣乎！"

何尚之先生

軒轅改物，
叨經天人之容
成造歷大撓
創辰。龍集
有次，星紀
乃分。錄目
何承天先生詩
作《天讚》
薛曉源寫

僧 肇

僧肇（384—414），俗姓张，京兆（今陕西西安）人，东晋著名高僧，佛学理论家。十七岁到凉州寻找精神领袖鸠摩罗什学习，后在姑臧（今河西走廊武威）和长安于鸠摩罗什译场从事译经，曾讲习鸠摩罗什所译三论（《中论》《百论》《十二门论》），成为鸠摩罗什门下"四圣"之一和"十哲"之一，被鸠摩罗什誉为"秦人解空第一"。僧肇主要著作有《不真空论》《物不迁论》《般若无知论》等。

据《高僧传·僧肇传》载，僧肇"家贫，以佣书为业，遂因缮写，乃历观经史，备尽坟籍，爱好玄微，每以庄老为心要"。他读老子《道德经》，叹曰："美则美矣，然栖神冥累之方，犹未尽善也。"后见旧译《维摩诘经》，"欢喜顶受，披寻玩味，乃言：'始知所归矣。'因此出家"。

在《肇论》中，僧肇先讲《宗本义》以树立根本论点，然后分四个题目阐述《宗本义》。《宗本义》说："一切诸法，缘会而生，缘会而生则未生无有；缘离则灭，如其真有，有则无灭。"因此，一切事物都虚幻不实，所以是空。在《物不迁论》中，僧肇说："夫人之所谓动者，以昔物不至今，故曰动而非静。我之所谓静者，亦以昔物不至今，故曰静而非动。"僧肇也认为以前的事物来不到现在，所以事物没有变。而人和事物时时刻刻都在生灭之中，可见人和事物都不是真实的。《不真空论》说："然则万法果有其所以不有，不可得而有；有其所以不无，不可得而无。"僧肇认为一切事物都是一有一无，不有不无，这是一切事物的真实情况，也就是"诸法实相"。在《般若无知论》中，僧肇说"虚不失照，照不失虚"，这是"般若"的两个方面："般若"好像一面镜子，能反映一切事物，这就是照；但对于所反映的事物并不外加上什么，这就是虚。"般若"是一种类似直观的知识，需要经过长期的修持才会有的。在《涅槃无名论》中，僧肇讲"涅槃"也讲"般若"，他引经说："见缘起为见法，见法为见佛。""见缘起"就是对于"诸法实相"的直观。有了这种直观就是"见法"，就是得到无知的"般若"。"见法为见佛"，就是说得了无知的"般若"，就到了无名的"涅槃"，"涅槃"就是有"般若"的人的精神境界。

汤用彤认为，僧肇"融会中印之义理，于体用问题有深切之证知"，"肇公之学说，一言以蔽之曰：即体即用"。冯友兰认为，"僧肇的《肇论》虽然字数不多，但谈到了佛学所有的重要问题。思想清楚，语言明确，……所用的术语、词汇有许多同玄学相同，真是中国佛学在格义阶段中的代表作"。

僧肇大師

僧肇大師在《物不遷論》中說：
梵志出家，白首
而歸，鄰人見之
曰："昔人尚存乎？"
梵志曰："吾猶昔
人，非昔人也。"

己亥薛曉源敬錄

范　缜

　　范缜（约450—515），字子真，南乡舞阴（今河南泌阳）人，南北朝时期著名哲学家、思想家、道学家。范缜出身于历史上著名的顺阳范氏家族，但自幼丧父，家境贫寒，由母亲抚养长大。范缜自幼好学，十余岁时远行千里，到沛郡相县（今安徽宿县）拜大儒刘瓛为师，深得刘瓛赏识。出师后，虽然身怀才能却无法入仕，直到萧齐取代刘宋，范缜才迈入仕途，但范缜因反对佛教，与主流文化不和，最终并未成为大员。其代表作为《神灭论》。

　　范缜在刘瓛门下学习时，刘瓛门下的学生多是王公贵族，家庭富裕，身着锦衣，腰佩宝剑，只有范缜家境穷困，身着布衣草履上学，但范缜丝毫没有自卑之感，每天昂首阔步走进学堂，与先生高谈阔论，史称其"性质直，好危言高论"。范缜在学堂上还喜欢驳斥其他学生的错误，这让和他同堂学习的贵族子弟都非常不喜，纷纷避开他，不与他来往，只有刘瓛十分赏识他，甚至亲自为范缜举办冠礼。在刘瓛的培养下，范缜养成了其能言善辩的行为风格。

　　范缜继承了王充的思想，提出了"形神相即"的理论："神即形也，形即神也。是以形存则神存，形谢则神灭也。"他反对将物质和精神分开讨论的二元论，转而主张一元论，认为物质与精神"名殊而体一"，将两者分开讨论实质上不具有语言意义。在此基础上，范缜进一步提出"形质神用"的观点，认为神依附于形，但形也不可能不产生神："形者神之质，神者形之用，是则形称其质，神言其用，形之与神，不得相异也。"范缜以"刃""利"二者的关系比喻形与神的关系：离开了刀刃，就无所谓锋利；但铁器若不锋利，也就不足以被称为刀刃了。他还提出，精神的感知能力本质上都来自身体的感官；感知能力可分成"知"与"虑"两个层次："知"负责感性认知，即"痛痒之知"；"虑"负责理性整合，即"是非之虑"。"知"来自眼耳鼻舌身，"虑"来自心，不过，"是非痛痒，虽复有异，亦总为一神"，强调"人体惟一，神何得二"。范缜还主张阶段性的辩证思想，反对当时佛教的结果论生死观，认为不能因为最终的死亡而否定生的过程的重要性，不能因为过程交替进行，就认为过程不同阶段的内容没有差别。

　　范缜在佛教教权强盛、国家君主信佛的年代以一己之力违逆时代，提倡物质主义，反对佛教理论，虽然从史书细节来看其行为动机不纯，常被历代学者认为有故意沽名钓誉之嫌，但并不能因此完全否认范缜的学术成就。唐代史学家李延寿在《南史·范缜传》中做了一个相对中肯的评价："缜婞直之节，著于始终，其以王亮为尤，亦不足非也。"

戚繼光 生

己亥之夏 薛曉源 寫

达 摩

达摩（？—约536），即菩提达摩，意为"觉悟之法"，本名菩提多罗，西域天竺人（一说波斯人），南北朝时期著名高僧，东土禅宗第一祖，印度禅宗第二十八代祖师，师从般若多罗大师学习佛法，南朝梁时期（一说南朝宋末）从印度航海至广州，此后一路北行宣扬佛法，以求那跋陀罗所译的《楞伽经》传授徒众。此后约在公元536年圆寂，葬于河南定林寺（后改为空相寺）。著有《心经颂》《破相论》《二种入》《安心法门》《悟性论》等。

达摩祖师在中土传法九年后，准备动身返回天竺，临行前召集弟子问："你们随我学习佛法，有什么心得？"道副说："不拘文字，不离文字，这就是道用。"达摩说："你学到了我的皮毛。"尼总持说："据我理解，就像庆喜见到如来的佛国，见了一次就见不到第二次。"达摩说："你学到了我的肉。"道育说："地、水、火、风四大皆空，色、受、想、行、识五阴并非真有。在我看来无法可学。"达摩说："你学到了我的骨头。"最后，慧可礼拜了大师，依次序站在自己的位置上，没有开口。达摩说："你学到了我的精髓。"于是将禅宗祖师的衣钵传给了慧可，不久后便圆寂了。

达摩祖师为中土带来了禅宗的主张——"直指人心，见性成佛，不立文字，教外别传"，认为成佛无须打坐诵经，也无须以人的主观角度进行思考，成佛没有任何固定的方法，只要在一举一动间明心见性，便可修得正果。禅宗称其第一义为"超越佛祖之谈"，但第一义所拟说者不可说，但凡说了，就着了名相，失了义理。禅宗不喜肯定句式而偏好否定句式，认为肯定句式将语言的意义限制在了一个极端的小范围内，禅宗称之为"下死语"。而否定句式则只否定了一小部分语言意义，开放了语言剩余的全部空间，有利于辩证思索。禅宗还喜欢用同义重复的句式描述事物，认为这样可以让事物自我返回，描述出事物的自性；这和近代的现象学思想也有异曲同工之妙。

在佛教盛行的南北朝，上至帝王，下至百姓，都喜好修福报功德，以求圆满，却不自知落入了小乘境界。达摩圆寂后，梁武帝追封其为"圣胄大师"，唐代宗追谥其为"圆觉大师"，但是作为禅宗祖师，达摩必然是不在意后人的评价的，甚至可以说，不立评价才是对其禅法的最大尊重。

達摩面壁

己亥之夏 薛吼源寫

智 颛

智颛（yǐ）(538—597)，俗姓陈，字德安，祖籍颍川（今河南许昌）。因隋炀帝授予他智者之号，故世称"智者大师"。智颛是中国佛教宗派史上第一个宗派的始祖，因晚年居住天台山，故称为天台宗；因以《法华经》为主要教义根据，故亦称法华宗。智颛的著述主要有《法华玄义》《法华文句》《摩诃止观》，世称为"天台三大部"；此外，还有《观音玄义》《观音义疏》《金光明经玄义》《金光明经文句》《观无量寿佛经疏》，称为"天台小五部"。

梁朝末年，兵荒马乱。智颛在其十七岁时，家庭分散，家人流离失所，为了求生他不得已只好出家。后来跟随慧思学习禅法，日夜精进，证得法华三昧。后智颛谨遵师命，到达陈都在瓦官寺讲解《法华经》，为其宗教观奠定了基础。后来智颛到天台山，建立寺庙，讲经说法。隋开皇十一年（591），杨广派人请智颛到扬州传戒，智颛为杨广授菩萨戒。智颛一生建寺三十六所，后杨广依其遗愿在天台山另建国清寺。

智颛说，"夫有心者，皆有三道性相，即是三轨性相"，强调心体具足一切，心与佛、众生没有根本差别。众生经过开示能够领悟佛法，因此，众生法中藏有"佛之知见"。智颛认为，众生的一念心体，如果由迷转悟，在悟的境界就同样具足了百界千如。智颛极力主张成佛有三个种因——正因、了因、缘因，众生心中本有佛性之正因，经过修行观悟得到智慧，并生发诸多善行。智颛说，"阐提既不达性善，以不达故，还为善所染，修善得起，广治诸恶。佛虽不断性恶，而能达于恶，以达恶故，于恶自在，故不为恶所染，修恶不得起，故佛永无复恶"，认为佛与一阐提人的差异在于"达"或"染"，一阐提人也可离恶向善。佛虽不断性恶，但能把握恶，故不染于恶，所以说"自在"。他还把佛性分为相对的和同类的，意思是恶离不开善，善也离不开恶，在现实中可以实现转化，二者是相即的、统一的。智颛肯定性恶是一切众生和诸佛的本性，了悟恶性，转恶成善，才能不为恶所染，他一改佛教界"佛性纯善"的传统观念，对佛性理论与中国心性哲学影响深远。

印光大师说，智者大师，释迦之化身也。方立天认为，智颛是天台宗的实际创始人，贡献最大，智颛所首创的性具善恶论和佛性中道论是该宗心性论学说中最具匠心的内容。

知礼大师

求心畢竟不可得，心如夢幻不可實，寂然如虛空，無名無相不可分別。不取不舍，不倚不著，不念不想不起，心常寂然亦不住寂然。天臺四祖智者大師說

己亥薛昭源敬寫

玄奘

玄奘（602—664），洛州缑氏（今河南洛阳偃师）人，俗家姓名"陈祎"，法名"玄奘"，被尊称为"三藏法师"，后世俗称"唐僧"，中国佛教四大翻译家之一，法相唯识宗创始人。

玄奘为探求佛法真理，厘清各派教义分歧，发心到印度求取真经。从贞观元年（627）开始，前后历经十七年，玄奘一人西行五万里，克服千难万险，终于实现他的理想。玄奘遍学大小乘各种学说，带回佛舍利、佛像、经论，并与弟子共译出佛典七十五部、一千三百三十五卷，其代表作有《大般若经》《心经》《解深密经》《瑜伽师地论》《成唯识论》等。后玄奘奉唐太宗之命撰写了《大唐西域记》，记述了他的亲身经历，其中的山川地貌、风土人情等关涉一百多个国家。《西游记》就是以玄奘取经事迹为原型而演绎出来的名著。玄奘不畏生死，护持佛法，忠心爱国，被誉为"中华民族的脊梁"。

"唯识"之"识"指认识，一切东西都是由"识"变化而来的，其中识是"能变"，作为识的对象的是"境"，境是"所变"，"唯识"的意思是外境不能离开识而独立存在。唯识宗主张识有八种，前六识即眼、耳、鼻、舌、身、意，其中前五识即感觉，第六种就是意识，即知觉，前五识功能的发挥依赖于第六识的参与。第七识即"末那识"，指思量，它的作用是把第八识思量为自我。第八识即"阿赖耶识"，有收藏之意，故又名藏识，它把各种认识功能和结果收藏、保存起来，囊括一切现象"种子"，比喻众生能够变现现象的精神力量，所以说在"阿赖耶识"中藏有一切事物的种子。一切众生都有自己的阿赖耶识，从中能够生出一切事物。唯识学说的核心主张是"万法唯识""心外无法"，就是指一切现象都是由"阿赖耶识"变现而来的。由于"识"把各种现象错误地当作实有，所以有必要破除这种执着，实现转"识"成"智"。玄奘开创的唯识宗在学说上主要继承印度大乘瑜伽行学派，以传持比较纯正的印度佛学而著称。唯识宗还传来了一种新的研究方法——因明，对提高中国人思维的严密性、丰富逻辑思维起到了很大的作用。

《成唯识论》云："真如既是诸法实性，故有为流转等实性，亦是真如。"冯友兰认为，这里讲的"真如"是个体的心，而不是宇宙的心。玄奘在印度长期留学所得的结果是，重新建立了对于原始佛学的信心。

鑒真大師

己亥薛曉源敬寫

神　秀

　　神秀（606—706），禅宗五祖弘忍之大弟子，北宗禅之祖。本博学多闻，对佛法亦有研修，但终因心性不足未能继承弘忍衣钵。提倡以修心为根本法门，所作的偈也体现了其"修心"的思想："一切佛法，自心本有，将心外求，舍父逃走。"

　　传说神秀有另一首偈："身是菩提树，心如明镜台，时时勤拂拭，莫使有尘埃。"南宗禅弟子称其因此偈而在衣钵传人之争上败给惠能，北宗禅弟子则称此事子虚乌有。即便真有此事，神秀之偈也并未弘恶，为避人言语，神秀特意夜半起身寻找无人之处题字，可见其人品不凡。民间有神秀为争衣钵派僧众追捕惠能的传说，但据惠能弟子记载的《六祖坛经》所述，神秀对惠能本就评价颇高："他得无师之智，深悟上乘，吾不如也。且吾师五祖亲传衣法，岂徒然哉？"神秀作为修行多年的僧人，多半是不至于做出这等断送自己声誉的事情来的。甚至后来武则天欲尊神秀为国师时，神秀在武则天面前直接承认，他不是禅宗真正的衣钵传人，惠能才是。神秀甚至亲自写信请惠能出山，惠能则说："我长得丑，出头露面会让人们把对我的讨厌带到佛法上，这种出头露面的事情还是你来，对佛法也有好处。"两人的关系由此可见一斑：并没有什么个人的情绪掺杂其中，只是对佛法的见地不同。

　　按照一般的说法，北宗禅提倡"渐修"，南宗禅提倡"顿悟"。按照以神秀为首的北宗禅的说法，这个可供累积程度的性质，便是心；而南宗禅则并不认为有一个可以累积程度的性质。按南宗禅的说法，认定在某一性质上有可累积的修行程度，便是对佛性"下了死语"，是该打的。而在冯友兰看来，北宗禅确实立起了一个"心"，当作修行的标准。但是，依照宗密大师之说，即便是先立起一个"心"，对于制止混沌无明来说，也是必要的第一阶段。先须有一个心，然后才能破除心。以引导众生开悟这一整体过程而言，神秀并无什么不如惠能之处，北宗禅也并无什么不如南宗禅之处，无非过程的不同阶段罢了。

　　冯友兰在编写《中国哲学史》时，也未曾将神秀与惠能分开来写。倒不是说神秀必须永远处在惠能的阴影下，他们二人本是一体两面，只是按照弘扬佛法的角度看，无须将他们分开，也不能将他们分开。

神秀大師

身是菩提樹 心如明鏡臺 時時勤拂拭 莫使有塵埃。己亥薛曉源寫

惠　能

惠能（638—713），亦称慧能，俗姓卢，祖籍范阳（今河北涿州）。中国禅宗六祖，南宗禅的创始人。幼年丧父，靠打柴养其母。一日偶闻他人诵读《金刚经》，心下大悟，于是安顿好老母，便事蕲州黄梅五祖弘忍大师。适逢弘忍大师作偈子选接班人，便作一偈——"菩提本无树，明镜亦非台，本来无一物，何处惹尘埃"，赢得弘忍大师青睐，接受衣钵。惠能得法之后，即潜回广东，隐姓埋名十六年，直到公元676年，才公开解经传法。

惠能不识字，又倡导"不立文字"的禅风，因此没有留下著作来，世传《六祖坛经》是由弟子们所记，后世不断修改完善的经典著作，是唯一一部能被编入佛教经典的汉语著作，被视为禅宗的"圣经"。惠能继承了五祖衣钵并建立了南宗，弘扬"直指人心，见性成佛"的顿悟修习途径。"见性成佛"的理论基础是"自性清静"的心性学说，惠能的应偈即表明了自性本来就是一尘不染的。他认为人的本性是佛，人性中"自备"佛性，"离性无别佛"。在人的自性中佛性本来具足，佛性就是要人去"自证"，即"自修自作自性法身，自行佛行，自作自成佛道"，而不需要"向外求玄"。佛性与众生是相互转换的，"自性迷，佛即众生；自性悟，众生即是佛"。自性开悟是佛，自性迷失是众生，所以说，"自性"觉悟是成佛的必由之路。《坛经》说，"佛者，觉也；法者，正也；僧者，净也"，用觉、正、净取代了佛、法、僧，实践了向内反求诸心的心性论转化主张，反对对外在的执着，坚决主张回归本心，皈依内心的道德自律；因此而鲜明地表现了与净土信仰的区别，也表现了突出的主体意识，与中国传统的良知说实现了沟通。《坛经》以其离念、离相、超二元对立的思维方式与识心见性的心性学说，成为后世佛教哲学的主流思想。

侯外庐说，"从自我意识到独立的主体，从独立的主体到绝对的本体，这是隋唐佛学的一般的思辨结构。通过自我意识的反观来证悟本体……这一本体即是自我意识的'心源'，这条道路在早期禅宗中就已开辟出来"，强调了佛教主动融入中华文化、实现佛教本土化的意识结构和逻辑特征，说明惠能大师对于实现佛教的中国化具有深远的意义。

惠能大师

《坛经》云：一日思惟时，当弘法，不可终遁。遂出至广州法性寺，值印宗法师讲涅槃经。时有风吹幡动。一僧曰风动，一僧曰幡动，议论不已。惠能进曰：不是风动，不是幡动，仁者心动。

戊戌年薛陀源敬录

法　藏

法藏（643—712），字贤首，本康居国人，其祖父侨居长安，以康为姓。法藏曾参加玄奘翻译佛经的工作，因与玄奘"见识不同而出译场"。后自立宗派，以《华严经》为主要经典，故称为华严宗。法藏的著作基本上都是围绕《华严经》而写的，成为华严体系实际构建者。又称贤首国师、康藏国师，被尊为华严宗三祖。

据说神功元年（697），契丹举兵进犯，武则天派军抗击，同时命令法藏行使法术阻遏来敌。法藏得到武则天的允许，实施旁门左道，于是在契丹兵的视域中产生了各种神魔鬼怪幻象，军心大乱，最终兵败如山倒。法藏因此而得到朝廷的表彰。后来武则天病重，宰相张柬之抓住这个机会发动政变，拥戴唐中宗执掌朝政。法藏积极参与，事后中宗奖赏，法藏谢绝，中宗遂转赐其弟康宝藏。

法藏说，"一切法皆唯心现，无别自体"，认为法界缘起的本质就是心性本体，他用"体"和"用"这一对范畴说明心和宇宙间一切事物的关系。法界缘起说是华严宗的主要哲学思想。当法藏为武则天讲这些佛学道理时，她越听越糊涂，法藏便借当时殿前的一对金狮子为比喻，作了一篇通俗的讲说，称为《金师子章》。"金无自性，随工巧匠缘，遂有师子相起。起但是缘，故名缘起。"狮子这种现象的形成需要"因"，也需要"缘"，金是其"因"，工人的技巧是其"缘"，这就是"缘起"。"空无自相，约色以明。""空"是"色"中显出来的，离了色它自己也没有自己的存在。"师子情有，名为遍计。师子似有，名曰依他。金性不变，故号圆成。"现象世界中的诸事物，其存在依靠因缘和合，即"依他起性"；本是似有，而世俗妄情执之为实有，即"遍计所执性"；虽然是幻有，但心本体常恒不变，即"圆成实性"。为系统阐释法界缘起说，华严宗还提出六相、十玄门的概念，六相指总相、别相、同相、异相、成相、坏相，依此而讲法界缘起事事无碍之义，认为一切缘起之法，必具此六相，而且，总即别，别即总，同即异，异即同，成即坏，坏即成，说明一切事物都相对待而存在。如果说六相是就具体的事物而言的，那么，十玄门则是就整个世界而论的。它们都是为了说明世界上的一切事物既有差别，又具有统一性，即圆融无碍。

任继愈认为，法藏在华严宗的地位，相当于禅宗的惠能的地位，法藏凭借武则天和贵族的大力支持，使华严宗得到了广泛传播。

法藏大師

法藏大師在《華嚴金獅子章》云：

初明緣起、二辨色空、三約三性、四顯無相、五說無生、六論五教、七勒十玄、八括六相、九成菩提、十入涅槃。

己亥，薛曉源敬書

韩 愈

韩愈（768—824），字退之，邓州南阳（今河南孟州）人，唐代杰出的文学家、思想家、哲学家、政治家。韩愈自称"郡望昌黎"，故世称"韩昌黎""昌黎先生"。官至吏部侍郎，人称"韩吏部"，后追赠礼部尚书，谥号文，故称韩文公，又追封昌黎伯，并从祀孔庙。其著作被编为《韩昌黎集》。

作为当时古文运动的领袖，韩愈也是当时反佛教、反道教的一个代表人物。这个复古运动有"文"和"道"两个方面："文"就是要用所谓三代两汉文体代替魏晋以来的骈文；"道"就是要用儒教代替佛教和道教。韩愈对于佛教的最尖锐的斗争是他谏唐宪宗迎佛骨。当时在凤翔一个寺庙里，有一块据说是佛的手指的骨头。唐宪宗派人把佛骨迎入宫内。韩愈上"表"反对，说："夫佛本夷狄之人，与中国言语不通，衣服殊制。口不言先王之法言，身不服先王之法服，不知君臣之义，父子之情。……况其身死已久，枯朽之骨，凶秽之余，岂宜令入宫禁？"唐宪宗大怒，把韩愈贬为潮州刺史。

韩愈提出了一个儒家的"道统"，认为道具有仁义的内涵，道的展开就是要实践儒家的仁义之道。韩愈在理论上反对佛教、道教的著作是《原道》，他还作有《原性》，为其仁义做理论根据。韩愈发展了董仲舒的"性三品"说："性也者，与生俱生也。情也者，接于物而生也。性之品有三，而其所以为性者五。情之品有三，而其所以为情者七。"他认为性有上、中、下三品，上品是善，下品是恶，中品是可以为善也可以为恶。性的内容就是仁、义、礼、智、信，情的内容是喜、怒、哀、惧、爱、恶、欲。仁义是人的性中所本来有的，儒家所讲的以仁义为内容的道德，是合乎人性的。佛教、道教所讲的不以仁义为内容的道德，是违反人性的。所以随着人性的三品，情也有三品。韩愈认为孟轲的"性善论"是就人性的上品而言的，扬雄的"性善恶混论"是就人性的中品而言的，荀况的"性恶论"是就人性的下品而言的，所以都不全面。

冯友兰认为，韩愈反对佛教和道教，基本上是从政治、经济的问题上说的，没有能够在哲学上反对道教和佛教，没有能够把佛教道教的根本原则提到哲学的高度加以批判。方立天认为，"韩愈在中国哲学史上第一次明确地提出性、情三品说，为专制社会伦理道德和政治统治提供理论基础"。

韩愈先生

夫所謂先王之教者，何也？博愛之謂仁，行而宜之之謂義，由是而之焉之謂道，足乎己無待於外之謂德。韓愈先生在《原道》中如是說。己亥薛曉源敬寫

李 翱

李翱（772—841），字习之，陇西成纪（今甘肃秦安）人，唐代文学家、哲学家，官至礼部郎中、中书舍人、山南东道节度使等职。李翱曾跟随韩愈学习古文，推进古文运动，他的主要哲学著作是《复性书》，提出"复性"说，修正了韩愈的人性论。

李翱性情刚烈，讨论朝政毫不避讳，直截了当。据说李翱在史馆任职时，他认为史官记载史事不真实，上奏折说，如今撰写行状的人，大多是死者的门生故吏，所以没有不虚加仁义礼智、表达忠肃惠和的；希望行状的作者，只需记录事实，如实记录功业，不必做出任何评价。最终他的建议得到了朝廷的采纳。

李翱从"性命之源"的哲学根本问题讲起，主张性善情恶，认为"性无不善"，"情者妄也，邪也"。他说，"人之所以为圣人者，性也。人之所以惑其性者，情也"，认为平常人也都有与圣人完全一样的"性"，所不同的就是平常人都为"情"所惑。李翱说："圣人者，人之先觉者也。觉则明，否则惑，惑则昏。"这就是说，圣人的特点就是"觉"，平常人虽不觉，可是其性完全与圣人无异。只要去掉"情"的"惑"，就可以恢复"性"的本来面目。这就是李翱所说的"复性"。那么，如何才能做到"复性"呢？李翱提出了"不动心"的修养方法，即"圣人者寂然不动"，就是要使"心"不受"情"的诱惑，为此必须"弗虑弗思，情则不生"，就是要清除各种思虑，斩断各种欲望，那么，人就不会产生"情"了，在此基础上也就可以恢复善的本性了。圣人虽与外界接触，却不被见闻动其心，这就是《大学》所说的"格物"和"致知"，李翱表述为"物至之时，其心昭昭然，明辨焉而不应于物者，是致知也"。圣人虽也有喜怒哀乐的情感，但圣人无心于喜怒，喜时不觉是喜，怒时不觉是怒，有喜怒却并不发作出来。

方立天认为，李翱主观上反对佛教，但"把去'嗜欲爱憎之心'的僧侣主义和'视听言行，循礼而动'的儒学主张结合起来，实际上又成为佛教的思想俘虏"。李翱在哲学上提出了自己的思想主张，建立了自己的理论体系，他的思想对宋明新儒学的形成具有重要意义。

草鞋先生

詩曰

練得身形似鶴形，
千株松下兩函經。
我來問道無餘說，
雲在青天水在瓶。

己亥之夏薛曉源寫

刘禹锡

刘禹锡（772—842），字梦得，自称是中山无极（今属河北）人，唐代文学家、哲学家，有"诗豪"之称。进士及第，官至监察御史、礼部郎中、苏州刺史等职，卒后赠户部尚书。其传世名篇有《陋室铭》《竹枝词》《杨柳枝词》《乌衣巷》等。撰写哲学著作《天论》三篇，论述天的物质性，分析"天命论"产生的根源，载入《刘梦得文集》。

《天论》序论及天人的两种说法：一种是"天人感应"，这种说法称为"阴骘之说"；另一种是"天人相异"，这种说法称为"自然之说"。韩愈主张"阴骘之说"，而柳宗元的《天说》主张"自然之说"。刘禹锡作《天论》是要把这个辩论进行到底。刘禹锡认为"天人感应"这种说法固然不对，但是天人之间也是互相联系、互相影响的，他称之为"天人交相胜"。《天论上》开头说："大凡入形器者，皆有能有不能。天，有形之大者也；人，动物之尤者也。天之能人固不能也；人之能天亦有所不能也。故余曰：天与人交相胜尔。"这就是说，天所能的，人固然不能，人所能的，天也有所不能。在天所能而人所不能的问题上，天固然可以胜人，在人所能而天所不能的问题上，人也可以胜天。这就叫"天人交相胜"。因此，"天之道在生植，其用在强弱。人之道在法制，其用在是非"。《天论下》做了一个总括："倮虫之长，为智最大，能执人理，与天交胜。用天之利，立人之纪，纪纲或坏，复归其始。"冯友兰认为，"意思就是说，动物之中人是最突出的，他的智力最大，他能用人理同天斗争，能改造自然，利用自然为自己服务。他能立法制以建立社会。法制是最重要的，如果法制没有了，社会就坏了，人就回返到原始自然状态。这是刘禹锡对于人类在宇宙中的地位所作的估价。这种估价是正确的。他对于人类的前途也作了指示警告，指出人类之所以能存在，由于有社会，社会人的存在，由于有法制。如果没有法制，社会就要破坏，人类就要毁灭"。

刘禹锡先生

自古逢秋悲寂寥，我言秋日胜春朝。晴空一鹤排云上，便引诗情到碧霄。己亥薛晓源写

柳宗元

柳宗元（773—819），字子厚，河东解县（今山西运城）人，祖上七代从政，其父柳镇曾入侍御史等职。柳宗元是唐朝中期文学家、哲学家，唐宋八大家之一，顺宗改革时期曾任礼部员外郎，司掌礼祭与贡举，后被贬为邵州刺史，赴任途中加贬为永州司马。在永州的十年期间，柳宗元潜心钻研学术，其作品大部分于此时期写成。著有《永州八记》等五百余篇散文作品，后世整理为《柳河东集》。

柳宗元任柳州刺史时，百姓迷信天象不敢挖井，只能每天远道去河边取水。柳宗元命人在州里各处挖井，挖好以后让百姓去挑水。百姓一开始不明就里，还对柳宗元说："您破坏这里的风水，我们都要遭天罚了。"柳宗元说："人做的这些小事，天根本就不理会。井是我掘的，若真有天罚，叫他罚我便是。你们只管吃水。"过段时间，没有任何事情发生，百姓安居乐业，取水也更加方便了，大家才相信了柳宗元的话。

柳宗元的形而上学著作中，最主要的是《天对》。《天对》借助回答屈原的《天问》的形式，集中阐述了柳宗元关于"天"这一形而上学意象的理论。屈原问："遂古之初，谁传道之？上下未形，何由考之？"柳宗元答："本始之茫，诞者传焉。鸿灵幽纷，曷可言焉？"一切人关于存在之初的说法都是猜想而已，混沌怎么能够被道说呢？彼时的一切只不过是无意识的发展演化，没有任何东西可以考证，即自然事物只是自行演化着，而不以人为目的。这一论点很有代表性。

柳宗元还批判了当时某些不合理的社会现象，代表作有《时令论》《断刑论》《非国语》等。这些作品秉持了《天对》中的自然观，认为自然现象不以人为目的，让有意识的社会活动仿效无意识的自然活动是不可取的。柳宗元的社会政治理论作品有《封建论》与《六逆论》。《封建论》反对的是韩愈等人主张的复古运动所维护的分封制。维护分封制的人以先秦的所谓"圣人"的伦理学作为制度的理论基础，而柳宗元则在《封建论》中主张，制度的建立必基于天下大势，并不需要什么人刻意安排，也没有人能安排得了。《六逆论》则是对《封建论》的补充。

冯友兰认为中国古代的"天"有五重意义：自然的、伦理的、物质的、意志的、主宰者的。而这五重意义在中国古代哲学中往往不能得到有效的区分，因此往往会有人围绕"天"展开争论，却说的并不是一个东西。柳宗元关于"天"的研究，则初步将"天"限定在自然以及物质的意义上，明晰了它的意义，对后世的天人观产生了重大影响。

希宽先生云：择天下之士，使称其职；居天下之人使安其业。己亥之夏薛晓源写

宗 密

宗密（780—841），又名圭峰禅师，世俗名何炯，果州西充（今四川西充）人。佛教华严宗第五祖，将唐朝中期儒家理学和佛家华严论融为一体。宗密的思想广博精深，对儒释道等学说均有涉猎。其文并不堆砌佛教术语，常以其他学派的术语诠释佛经，代表作有《原人论》等。

曾参加贡举，但无意仕途，于遂州大云寺邂逅高僧道圆，从此出家。游学至襄阳，遇华严四祖澄观（738—839）之徒，读四祖著作并致信给四祖谈论心得。澄观赞叹，遂邀宗密赴长安，并评价道，"毗卢华藏，能随我游者，其唯汝乎"，将宗密视为衣钵传人。然而，宗密法师与澄观法师几乎是同一时期圆寂的。

宗密临终前嘱咐弟子们说："出家人无我，唯以利他为务，其余无非镜花水月。我去后，尸体施与鸟兽，骨灰烧作肥料，不必做哭泣建坟这些无意义的事情，弄得寺院不宁静。《圆觉经》《华严经》《涅槃经》《金刚经》《大乘起信论》《唯识论》等，都有极深的义理，我读了一辈子，也有些许理解。以后每年清明，你们必须讲道七日，就当我在听，看你们有什么领悟。若做不到，就别对人说是我的弟子。"言毕，宗密大师便坐化了。

在《原人论》中，宗密主张，可以把佛法分成五个阶段：人天教、小乘教、大乘法相教、大乘破相教、一乘显性教。人天教只教世俗伦理；小乘教只教自我宽慰解脱；大乘法相教只教宇宙真理之表象；大乘破相教只教怎样破除表象的蒙蔽，却仍然不是真理；而一乘显性教才算是显了性，见到了真理。宗密首次使用"一乘"，以与对"大乘"一词的误用相区别。宗密后来又从整体的角度，对前四个阶段加以融通，将它们视作从"无明"达到"一乘"的必要阶段，从而解释了这四个阶段的相对合理性。

宋明理学受"一乘显性"说的启发，而以"理""道"等概念本身出发并自行展开。以冯友兰为代表的后世学者因而将宗密视作宋明理学的奠基人。方立天认为，宗密的"本觉真心"说，熔华严宗和禅宗的思想于一炉，是一种具有重要特色的人性学说。

宗密大師

人生不精進，喻若樹無根。采華置日中，能得幾時鮮？華亦不久鮮，色亦孔常好。人命如刺，那須臾難可保。是故觀氣生，勤修無上道。宗密大師云

己亥薛晚源敬錄

李 觏

  李觏（gòu）（1009—1059），字泰伯，世称盱江先生，建昌军南城（今江西抚州南城）人，北宋哲学家、思想家、教育家。李觏出身寒微，凭借才学崭露头角，但科举不顺，遂潜心著述教学，成为北宋除程颐之外另一著名处士。庆历三年（1043），受郡守邀请，置办盱江书院，时人评价"为盱江一时儒宗"。著有《退居类稿》十二卷、《皇祐续稿》八卷等，现存《直讲李先生文集》三十七卷。

  北宋名士曾巩、邓润甫等人都曾在李觏门下求学，王安石也曾从李觏的学说中吸取改革思想。一日，李觏带领弟子们去豫章春游，行船途中无聊，于是李觏与学生们作对联，对不上的罚酒。李觏指船橹曰，"两橹并摇，好似双刀分绿水"，学生们各自对下联，然而李觏都不满意。到曾巩时，曾巩不慌不忙，躬身施礼曰，"孤桅独立，犹如一笔扫青天"，李觏听罢不禁连声叫好："不愧是我的门生！"

  李觏的思想在北宋的道学界可谓离经叛道。"离经"是说，李觏最著名的作品虽叫《周礼致太平论》，但这不是对《周礼》的注解，而是吸收了《周礼》，由他自己提出的实践理论。而"叛道"则是说，李觏在讲学时，完全不承认"理"，而只讲气，他并不认为"理"是概念，而认为"理"只是人对概念的表象，真正的概念还在"气"当中。在理学的"义利之争"上，李觏不承认这个问题的意义，他认为根本就没有作为伦理逻辑的"义"，也就不存在什么"义利之争"，如果真的有"义"，也是"利"当中的现实之义。而基于"义利之争"的"王霸之争"，也被李觏一语否定了：连"霸道"都达不到的话，何谈"王道"？宋朝现今的问题，不是选择走"王道"或"霸道"之路的问题，而是自己的能力问题，当今宋朝的政治是连"霸道"都做不到的，因此在完善自己的能力之前，理学争"王霸"也是没有意义的。李觏的思想，在理学面临沦为空谈的危险时，赋予了理学现实性维度。李觏认为，人类的历史并不是不以人的意志为转移的自然史的过程，而是人们围绕着儒家价值本体进行自由选择的过程，故他主张"吉凶由人"。他的一些思想、观点，后来成为王安石变法的理论基础。

  《宋史》将李觏的思想归类于法家思想的派别。但冯友兰并不认同史学上的法家说。李觏的思想著述中，尽管大部分都在强调现实意义，但这现实意义仍然只是铺垫，它们只不过是为了实现《周礼》的境界而做的准备工作。因此，冯友兰认为，李觏思想的核心精神仍属于儒家思想。

李郢先生 詩曰：

山言落日是天涯，
望極天涯不見家。
已恨碧山相阻隔，
碧山還被暮雲遮。

己亥薛曉源寫

邵 雍

邵雍（1012—1077），字尧夫，自号安乐先生，谥康节，北宋理学家、数学家，与周敦颐、张载、程颢、程颐并称为北宋五子。著有《皇极经世》《观物内外篇》《先天图》《渔樵问对》《伊川击壤集》《梅花诗》等。

民间有着各种各样关于邵雍的传说。邵雍在民间被视作袁天罡一样的道家半仙，能够测算将要发生的事情，能够半个月不吃不喝等。邵雍本人德高望重，司马光甚至尊邵雍为义兄。当时洛阳一带人训斥小孩，都说："你做的坏事，邵先生都在看着。"可见其声望很高。

邵雍的学说延续了道学的传统。《先天图》类似于一张范畴表，它借助"先天""后天"等概念，对"天地自然之数"与"人为之数"，对主客观以及形上形下做了区分。这一行为，对后人在汉语语境下理解形而上与形而下的区分、超越性与现实性的区分有重要意义。除此之外，邵雍还主张"以物观物"的方法：人对待事物的反应，不应由自己的主观性出发，而应由事物的客观性出发，按照事物向我们呈现出来的那样去对待它，如此一来人才能摒弃杂念，成为圣人。这不仅是邵雍认识论的方法，也是邵雍工夫论的方法。他说，"心一而不分，则能应万变，此君子所以虚心而不动也"，"以物喜物，以物悲物，此发而中节者也"。冯友兰指出，邵雍的意思是，如果能够没有私心杂念，不考虑个人利益，这种人的精神状态就是诚，由此而发出的行为就是直。出于以上思想，邵雍还发展出了"皇、帝、王、霸"的政治观：皇顺应客观规律而治，帝以社会的恩信风气而治，王以公正的律法而治，霸用自己的人为策略而治，四者的层次依次递减。其政治观也基本符合道家的"顺应"之说。

邵雍的用词，对后世翻译先验哲学有着重大意义。冯友兰在《中国哲学史新编》中肯定了邵雍对《周易》术语的分析，但又指出了他在认识论方面的不足，认为以纯粹的理性认识完全代替感性认识是做不到的。

邵雍先生

己亥春薛晓源敬写

周敦颐

周敦颐（1017—1073），字茂叔，道州营道（今湖南道县）人，北宋著名哲学家、文学家。因在莲花峰下开设濂溪书院，世称濂溪先生，谥号元，故后世称周元公。北宋五子之一，儒家道学的早期奠基人之一，著有《太极图说》《通书》等著作，后人将其作品整理为《周元公集》。

周敦颐平生酷爱莲花。在知南康军期间，周敦颐在府署东侧命人挖了一个池塘，专种莲花，称"爱莲池"，池宽十数丈，一到夏季便开满莲花，由此有了千古名篇《爱莲说》。在当时的文人雅士当中，也掀起了爱莲的热潮。在这之后，周敦颐的一名学生看爱莲也逐渐市俗化了，便对周敦颐说：老师，现今爱莲也变成市俗官场的吹捧了，您还爱莲吗？周敦颐面色淡然地说：莲之品性从不曾因此改变，他们爱不爱莲，与我何干？

周敦颐在他的名篇《太极图说》中说，"无极而太极，太极动而生阳，动极而静；静而生阴，静极复动。一动一静，互为其根，分阴分阳，两仪立焉。阳变阴合，而生水、火、木、金、土"，"二气交感，化生万物，万物生生，而变化无穷焉"，构建了一套儒家宇宙本体论与生成论，对宋明新儒学的创立起到了奠基作用，影响巨大。他在《通书》中讲"人极"，强调"诚"，即"无妄"。所谓"诚者，圣人之本"，"诚"即是说万物的演化都实在地是如此。人若不能让自己的心性"诚"，就看不到万物真正的演化。人思维与行动的态度一定是"诚"，如此才能体悟人生之大道，才能领悟到宇宙生生运转之真谛。周敦颐还提出"圣希天，贤希圣，士希贤"，认为成圣成贤应当是读书人的理想，读书人应"志伊尹之所志，学颜子之所学"，达到内圣外王的境界，还应当像莲花那样"出淤泥而不染"。

黄宗羲在《宋儒学案》中说："孔子而后，汉儒止有传经之学，性道微言之绝久矣。元公崛起，二程嗣之。"由此可见，在孔子没后的上千年，儒学几近失去了性道之学的传统，变成了文字考证、记诵之学。周敦颐开创了儒学新形态——道学，二程与朱熹为其著作做注解，他的思想在中国哲学史上影响深远。

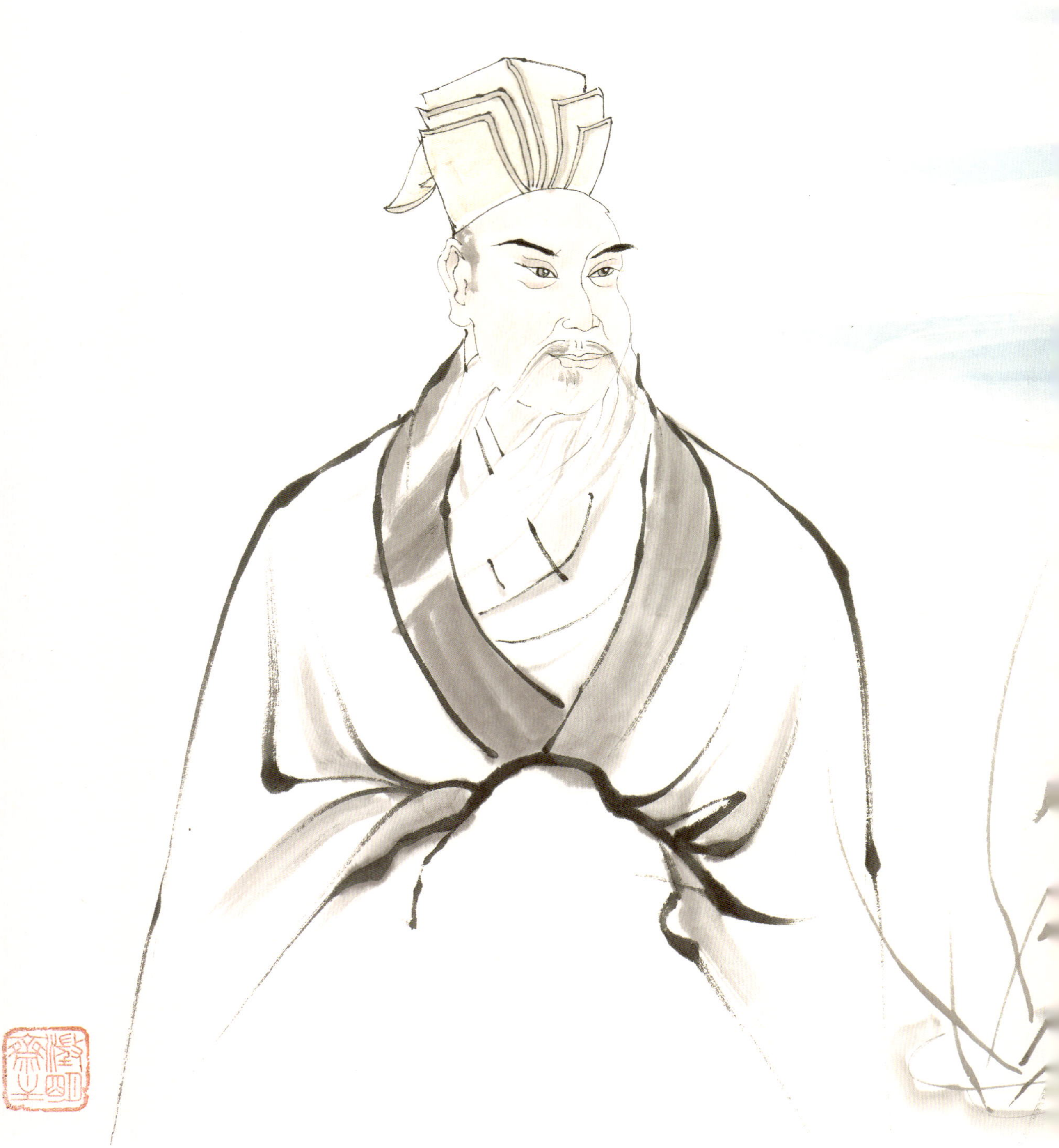

馨郎先生壽蓮

癸亥薛旴源寫

张 载

张载（1020—1077），字子厚，凤翔郿县（今陕西眉县）横渠镇人，世称横渠先生，北宋理学家，关学学派创始人，北宋五子之一。张载的横渠四句最为世人所熟知，即"为天地立心，为生民立命，为往圣继绝学，为万世开太平"，非常凝练传神地抒发了中国知识分子的理想，催人奋进，千古传唱。著有《正蒙》《横渠易说》等。

张载是程颐、程颢二人的表叔，年龄也比二程大。嘉祐二年（1057），张载与苏轼兄弟同中进士，受宰相文彦博之邀，张载在开封相国寺设虎皮椅讲授易学。在此期间，张载与二程相遇，听取了程氏兄弟的见解后，觉得自己的认识还有很多不到位的地方，于是撤掉了自己的讲席，二程由此在京城名声大噪。

冯友兰称张载的学说为"气学"。与程颐的静态范畴实在论不同，张载提出"气"，"太虚即气"是其宇宙本体论的核心命题。"凡可状，皆有也；凡有，皆象也；凡象，皆气也"，说明没有一个静止着让人去把握的"理"，气是在不断运动当中的，气不是某种静止的所谓事物本体。张载认为万物"有无混一""混元一气"才是"道"的状态。客观事物都是错综复杂的，想要一语以蔽之，那就更是谬误了。但正是因此，在"气"中才有心性。"聚亦吾体，散亦吾体，知死之不亡者，可与言性矣。"明白了事物的诞生和消亡的复杂性，从单纯的绝对产生和绝对消灭中脱离出来，才能去谈"心性"。张载认为"见闻之知"是对具体事物的认知，"德性之知"则是对见闻之知的道德觉知，这种知便是超越的知，也就是道德理性。张载把做道德工夫的过程称为"大其心"，把事物的复杂性全部包容于心中。唯当人的心足够大，能够包容一切复杂的变化时，行为才完全符合天道，人才能够"一天人，合内外"，张载认为这是人的最高境界。

谭嗣同高度评价了张载的学说，认为张载的思想与西学相合，他说："不知张子，又乌知天？""疑者讥其妄，信者又以驾于中国之上，不知西人之说，张子皆以先之。今观其论，一一与西法合。"方立天认为，"张载的气有聚散而无生灭的观点，包含有物质不灭观念的萌芽，这是中国科学史和哲学史上一个卓越的理论贡献"。

横渠四载

為天地立心，為生民立命，為往聖繼絕學，為萬世開太平。張子如是說。戊戌薛曉源敬錄

王安石

王安石（1021—1086），字介甫，号半山，抚州临川（今江西抚州）人，北宋思想家、政治家、文学家，曾主持著名的熙宁变法。谥号文，后世称王文公。王安石擅长说理修辞，文章与诗词中逻辑严密、陈词慷慨，史称"王荆公体"。著有《伤仲永》等千古名篇，其作品有《临川集》《临川集拾遗》等。

王安石变法时，保守派攻讦王安石"以利为先"，但王安石本人十分清廉，若要说求利，求的也是天下经济之利。王安石吃穿都不讲究，衣着邋遢，饮食随意，以至于苏洵说王安石"衣臣虏之衣，食犬彘之食，囚首丧面而谈诗书"。"囚首丧面"的成语便出于此处，这也从侧面反映了王安石的清正廉洁与不拘小节。

早在宋仁宗时，王安石便上万言书陈述了其改革思想，指出了宋朝面临的四个方面的危机：农民起义、外寇入侵、财政穷困、风俗衰败。然而，这种腐败绝非一次变法就能够彻底根除的。官员腐败，是因为没有理想和信念，仅仅将谋求私利当作唯一目的。若要谈为何谋求私利，他们当中的大多数人必定也不曾想过，只是一味地沉迷于贪欲之中而已。因此，王安石谈改革时，说变法的根本任务便是"陶冶"风气。至于"富国强兵"，那是变法的直接现实目的，如果官员的情操陶冶不起来，生产力的激励机制就没有保障，富国强兵就无从谈起。而王安石为陶冶知识分子的情操，提出了"士蔽于俗学久矣"的主张，认为自古以来的知识分子都只是将经学当作一门无差别的学科，而不是将其作为经世济民的思想理论去学习的。王安石强调在经学研究中，要"训而发之""追而复之"。"训而发之"强调让人理解概念的内容，理解概念在世界当中的实质，而不拘泥于表面文字；"追而复之"则是强调让人站在概念提出者的角度思索概念被提出时所要解决的问题。

尽管王安石称自己的变法为"师古"，但保守派并不买账。保守派虽不买账，却仍然肯定了王安石的为人。保守派的思想家刘安世评价王安石说"虚名，实行，强辩，坚志"，其中虽有些贬损意味，却仍然肯定了王安石的实践能力、辩论能力与思想的坚定程度。连政敌都对其敬佩三分的人史上并不多见，王安石可算一个。

王安石先生

飛來山上千尋塔,聞說雞鳴見日昇。不畏浮雲遮望眼,自緣身在最高層。

錄王安石先生詩《登飛來峰》 薛曉源寫

沈　括

沈括（1031—1095），字存中，号梦溪丈人，浙江杭州人，北宋政治家、科学家。热衷于自然科学与科技应用，崇尚实证主义。宋神宗期间，秉持科学思想的沈括参与了王安石变法，受王安石器重，官至三司使等高位，后因反复无常，受保守派和变法派一致排挤，晚年隐居润州（今江苏镇江一带）。

1071年，苏轼被贬为杭州通判，在杭州遇到沈括，两人把酒言欢，但沈括转头便将苏轼酒后所作诗句抄下，并注出疑似诽谤朝政之处，密奏朝廷。王安石因此举，以为沈括支持变法，又因沈括才名远扬，将其提拔至中央为官。而王安石变法失败后，沈括突然一改曾经的样貌，立即上疏痛斥王安石变法，并且因此被满朝一致认为是反复无常的小人，遭到贬官，后再无重用。

沈括说，"天地之气，贯穿金石土木，曾无留碍"。他认为天地万物一切都由"气"构成，以"气"来说明世界的本原问题。同时，天地万物都有"理"在其中，而且这些"理"即规律，都是可以发现的："大凡物理有常有变……其造微之妙，间不容发。推此而求，自臻至理。"作为宋朝"义利之争"中的主利派，沈括在宋朝的封建思想大环境下，推崇顺应人需要利益的本性。在宋朝义利矛盾极度激化的思想环境和社会环境下，"义"与"利"分别被推向了两个不同的极端。因此，在这种环境下，作为逐利派的代表，沈括也开始通过做小人来表达自己对另一派的主张的否定了。因此，沈括主张的思想就变成了极端的资本主义思想。但是，按照实际政绩来看，沈括在扬州、延州任职期间，鼓励"工贾"发展，为手工业和商业发放补贴。从沈括支持工商业的行为上看，无论上疏告哪一方，沈括的根本立场是改革派的，他不信任道德的制约作用，而只相信已经可以确证的普世价值。因此，在沈括这里，资本主义和实证主义在其精神上是一致的。

纪晓岚谈沈括时，说"括在北宋，学问最为博洽，于当代掌故及天文、算法、钟律尤所究心"。沈括由于其在诸多科学领域取得的卓越成就，被誉为"中国整部科学史中最卓越的人物"，其代表作《梦溪笔谈》被称为"中国科学史上的里程碑"。

詩曰：

二郎山下雪紛紛，旋卓
穹廬學塞人。化盡
素衣冬不老，石油多
似洛陽塵。

己亥薛曉源寫

沈括先生

程 颢

程颢（hào）（1032—1085），字伯淳，世称明道先生，河南洛阳人，北宋理学家，与其弟程颐合称"二程"，北宋五子之一。程颢早年便中了进士，在地方任职几年后，官至太子中允、权监察御史里行。在任时批判王安石变法，被逐出中央。神宗去世后，保守派重新掌权，召程颢回朝任职，但程颢未及赴任就病逝于途中。著有《识仁篇》《定性书》等。

程颢在《二程遗书》中说："天地万物之理，无独必有对，皆自然而然，非有安排也。"所谓"理"，是一种自然之本体。程颢在《识仁篇》中追求"浑然与物同体"，认为学者须先识仁，要把自己与宇宙万物看成一个整体，人如果只是认识事物的规律，而仍然只是觉得自己是自己、万物是万物，那是称不上"仁"的。以往把"孝""恻隐之心""博爱"或"博施济众"等视为仁，这只是仁之"用"，万物一体、生生不息才是仁之"体"。程颢主张的"识仁"，就是要求"廓然大公，物来顺应"，遵循天理，用生命体验宇宙人生的整体。懂得了"识仁"的道理，还要以"诚""敬"来"存仁"。程颢在《定性书》中展现了自己"心性一体"的思想。他主张的"理"重视讲本体的合一性，强调形上与形下、主观与客观都本为一体，注重讲理与气的自然性和统一性。

冯友兰对程颢与程颐的学说做了区分，他认为对于推崇心性一体，而不重视区分辨别的程颢而言，其思想并没有延伸至朱熹一脉，却延伸到了同讲"心性一体"的陆九渊、王阳明心学学派。因此，冯友兰更倾向于将程颢归类为心学之源。

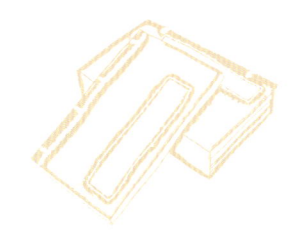

監丞程顥先生

己亥春薛曉源敬寫

程 颐

程颐（1033—1107），字正叔，世称伊川先生，河南洛阳人，北宋理学家，与其兄程颢合称"二程"，北宋五子之一，著有《程氏易传》等。程颐科举未中过进士，但在太学学习时以《颜子所好何学论》成名，成为当时有名的处士，屡受推荐而不就任。王安石变法时程颐在太学教幼年宋哲宗读书，后又因反对变法被贬，在政治上屡受打击。

时有进士杨时，向程颐之兄程颢学习理学，程颢去世后，随程颐学习。一日，杨时与朋友游酢拜见程颐，程颐正在闭目养神，杨、游二人就站在门口恭敬等候。当时正下大雪，程颐醒来时，积雪已经一尺多厚，二人仍然立在门外等候，并没有疲倦和不耐烦的神情，"程门立雪"的典故便出自这里。

程颐在其《程氏易传·序》说："易，变易也，随时变易以从道也。"程颐认为，"道"就是"性命之理"。《周易》把这些"道"和"理"用卦象表示出来，这就叫"象"。他说："至微者理也，至著者象也。体用一源，显微无间。"冯友兰认为，这几句话是程颐的哲学体系的要点，说明事物都是其"理"的"象"，"理"为本，故称为"体"，事物是生成的，故称为"用"。"理"不能被感知，故称为"微"，"象"可以被感知，故称为"显"。"体"和"用"，"微"和"显"，都是合一的。程颐讲道："天下物皆可以理照。有物必有则，一物须有一理。"所谓"理"是事物之所以然，也是事物的准则。"理"是本体，不独人具有万物之"理"，即物亦然，不过人能应用之，物不能应用之。程颐讲的"理"是关于范畴的普遍规定性的研究，是区分、辨别、联系理与气、形而上与形而下的规定性研究。程颐则对形上形下之分，极为注重。他说："一阴一阳之谓道。道非阴阳也，所以一阴一阳者道也。"

冯友兰认为，程颐是道学中理学一派的重要开创者。方立天认为，程颐的思想是客观唯心主义，其思想多为朱熹所继承，而程颢则具有主观唯心主义的倾向。

熔尺程頤先生

己亥春薛曉源敬寫

朱 熹

朱熹（1130—1200），字元晦，后改为仲晦，号晦庵，徽州婺源（今江西婺源）人。朱熹是南宋最有名的哲学家，是理学的集大成者。他不仅学问深邃渊博，深思善辩，还勤于著述，留下了大量著作，自成体系，程朱理学成为西学东渐之前中国最有影响的哲学学派。因此，朱熹在中国学术史上被尊称为"朱子"。

朱熹认为，《论语》《孟子》《大学》《中庸》是儒家最重要的经典，他费尽毕生之力撰写的《四书集注》是他最重要的著作，流传很广，成为后世科举考试的经典教材。

朱熹继承和发展了二程关于理气的学说，他指出，"太极只是一个'理'字"，"太极只是天地万物之理"，认为"理"是宇宙的本原和主宰，天下万事万物都具有这个"理"。他说，"宇宙之间，一理而已"，"未有天地之先，毕竟也只有理"。他认为，理是形而上之道，气是形而下之器，理与气相融合，构成万事万物，所以说"凡有形有象者，皆器也，其所以为是器之理者，则道也"。朱熹还主张"理在气先"，认为"未有天地之先，毕竟也只有理。有此理，便有此天地；若无此理，便亦无天地，无人无物，都无该载了。有理，便有气流行，发育万物"，说明"理"是物与气存在的根据和本原，前者决定后者的发展和方向。当然，这种"先"也只是逻辑意义上的，不是时间意义上的："理与气本无先后之可言，但推上去时，却如理在先，气在后相似。"由此，朱熹主张"理在事先"："未有这事，先有这理。如未有君臣，已先有君臣之理；未有父子，已先有父子之理。"他认为君子之道，就在于对"理"的认识，去发现和阐明人心固有、先验的仁义道德。在修心养性方面，他提倡"格物致知"和"用敬"，即调查研究和专心致志。朱熹强调"心统性情"之说："性，本体也；其用，情也；心则统性情，该动静而为之主宰也。"这说明性是意识与情感的根源，情是相对于性的具体性和特殊性，而性则是一般原则；心是意识活动的总体、主体，对情感具有主导、控制作用。由此而得出"主敬涵养"的修养论："敬"与"畏"字相似，保持敬畏的状态，同时也要保持思虑的警觉；敬未发时保持着涵养的本体，已发时则随事省察，这是敬之用。在朱熹看来，主敬涵养的工夫还可与"格物穷理"相贯通。

朱熹是继荀子之后在中国最有影响的儒家思想代表，他对自己的评价是"常谈之中自有妙理，死法之中自有活法"，他的理学体系博大、内容丰富、结构严密。全祖望在《宋元学案》中称朱熹"致广大，尽精微，综罗百代矣"。

半亩方塘一鉴开 天光云影共徘徊 问渠那得清如许 为有源头活水来

戊戌年 敬录朱熹先生诗观书有感 澄明斋主薛晓源恭写

陆九渊

陆九渊（1139—1193），字子静，号存斋，抚州金溪（今江西金溪）人。曾讲学于象山书院，自号象山翁，学者常称其为"象山先生"。南宋著名哲学家，陆王心学的代表人物，著有《象山先生全集》。

陆九渊是"心学"的创始人，他主张"心即理"说，是讲"理"是"心"的表现，"心"是唯一的存在，是宇宙的本原，主张"宇宙便是吾心，吾心即是宇宙"。由于陆九渊"心学"与朱熹的"理学"存在诸多冲突，吕祖谦为了调解二人的分歧，于1175年邀请二人到江西信州鹅湖寺相会辩论，共有十一人出席。辩论三天，陆九渊以"易简工夫终久大，支离事业竟浮沉"为题解略占上风，朱熹不悦下山。陆九渊以为朱熹教人太支离烦琐，朱熹认为陆九渊教人"太简"，似禅学。这是儒家不同学派在"顿悟"与"渐悟"、"博学"与"简约"的本质问题上在哲学学理上的分歧，对后世影响很大。鹅湖之会，成为中国哲学史最为著名的辩论会。

陆九渊的思想主要来自孟子，他的核心概念是"本心"："恻隐，仁之端也；羞恶，义之端也；辞让，礼之端也；是非，智之端也。此即是本心。"这说明本心是人天生就有的，能够提供道德法则、产生道德情感。不过，本心常常会被"物欲""意见"遮蔽或陷溺。这个"本心"实际上也就是"理"，陆九渊认为"心即理"："天之所以与我者，即此心也。人皆有是心，心皆具是理，心即理也。"这就是说，人心之理与宇宙之理在本质上是同一的，人心之理主要指道德法则，宇宙之理指万事万物的普遍规律。所以，若要认识外物，修养工夫，只需"发明本心"——存心、养心、求放心，为此就要把人的物欲剥落，除去对本心的遮蔽。发明本心的工夫，也就是"易简工夫"，强调人应当"自立、自重，不可随人脚跟，学人言语"，要"收拾精神，自作主宰"。为学就是要提升道德境界，而读书与此目的并不具有必然联系，所以陆九渊还说过"六经注我，我注六经"，主张为学就是学为人而已。

关于朱陆之争，黄宗羲指出："二先生同植纲常，同扶名教，同宗孔孟。即使意见终于不合，亦不过仁者见仁，智者见智，所谓学焉而得其性之所近。"

陸九淵先生造像

墟墓興衰宗廟欽斯人千古不磨心渭浜積玉滄溟水拳石崇成泰華岑易簡工夫終久大支離事業竟浮沉欲知自下升高處真偽先須辨古今敬錄象山先生詩鵝湖和教授兄韻戊戌薛陀源敬寫

陈 亮

陈亮（1143—1194），原名汝能，后改名亮，字同甫，号龙川，学者称龙川先生，婺州永康（今属浙江）人。南宋时哲学家、文学家，是永康学派创始人、豪放派词人代表，著有《龙川文集》《龙川词》等。据《宋史》记载，陈亮十八岁时写出《酌古论》二十篇，被婺州郡守周葵赏识，"请为上客"。周葵授以《中庸》《大学》，但陈亮认为研读这些不能解决国家急难，他自己重视研习兵法、政治和历史，以寻求抗金救国之路。

陈亮出身于没落官僚世家，其祖父在抗金战争中战死，其父为一介布衣。但陈亮出于对主和派软弱态度的极度不满，以布衣身份向宋孝宗连上五疏抗议，后编为《中兴五论》。孝宗本想接见陈亮，但有朝臣想借此拉拢陈亮为自己的私人势力，陈亮于是拒绝入朝。此后屡遭陷害，先是刑部侍郎何澹借有人控告将他下狱拷问，被孝宗救下。后陈亮家仆杀人，被别有用心者控告为陈亮指使，于是陈亮再次入狱，但得辛弃疾等人保释。出狱后仍然面色不改，向孝宗上疏，触怒当权大臣。时陈亮在家乡宴饮，有人投毒不成，毒死陈亮同桌宾客，反诬陷陈亮投毒，陈亮因此再次下狱，后经郑汝谐求情救出。此后陈亮暂时回乡休养，在这三年中，与朱熹展开了有名的"王霸义利之辩"。

陈亮名义上推崇二程，却又在自己学说的实际内容中反对二程。陈亮的学术主张倾向于功用主义，斥责道学家们"空谈误国"，他本人虽也对道学有些研究，但他的研究是服务于他的政治思想，而不是道学思想。在其作品《勉强行道大有功》当中，陈亮主张"夫道非出于形气之表，而常行于事物之间者"，即是在说，道并不在事物之外，而始终在事物之中。执行具体的事情，即是对道的体验。但在政治立场上，陈亮与道学家们的立场一致：反对庆历新政与熙宁变法。反对变法的理由也与道学家们一致：变法派主张以利为先，如果变法派执政，道德与伦理就会被置于次要地位，天下人将逐渐变成逐利的小人。儒家一直是推崇"王"而反对"霸"的，陈亮也不例外，尽管他推崇功用，但他同样重视功用的动机。他与以朱熹为代表的道学主流的分歧在于，朱熹认为有某种"王道"存在，然后才有人实践它，而陈亮认为，必须有人去实行具体的政治活动，才能逐渐摸索出王道。

作为南宋的主战派代表，陈亮一生受主和派排挤，但陈亮并不畏惧主和派势力，经常上书向皇帝陈述利害。方孝孺谈及陈亮时，叹道："士大夫厌厌无气，有言责者不敢吐一词，况若同甫一布衣乎！人不以为狂，则以为妄。"

諸亮先生

盈宇宙者無非
物,日用之間
無非事……
夫道非出於形氣
之表,而常行
于事物之間。
陳亮先生如是說
己亥薛晓源寫

王守仁

王守仁（1472—1529），字伯安，号阳明，学者称阳明先生，浙江余姚人，明代著名思想家、军事家，明代心学的代表人物，从祀孔庙。著有《大学问》《传习录》等，《大学问》是王阳明一生学问之总结，《传习录》是王阳明弟子记载的王阳明语录。王阳明一生，精通儒释道各家学说，领兵打仗从无败绩，言行品德几乎无懈可击。其学术思想遍传东亚地区，成就冠绝一代。

王阳明年轻时，曾问学于当时的理学大师娄谅，娄教之以格物致知之学。王阳明为了体悟"格物致知"，年轻时曾对着竹子格了七天七夜，历经风吹日晒却终于病倒了，也没悟出竹子的本质到底是什么，从此他对朱熹的格物致知思想有所怀疑。

"心即理"是王阳明思想的本体论基础，他指出，"心之体，性也，性即理也"，"夫心之本体，即天理也"，说明"心"的本体就是性，就是天理，他认为心外无理、心外无事、心外无物，由此为他的整个学说提供了一个广大而坚实的基础。王阳明的主要思想是"致良知"与"知行合一"，所谓"致良知"就是把人内在的良知致出来，落实在事事物物之中。王阳明说："吾平生讲学，只是'致良知'三字。"这三字就是对"心即理"的践行和落实。"知行合一"是说道德工夫一定是即知即行的，知是行之始，行是知之成，不能知行分离，知行分离则所知不是真知，所行不是真行。他的"知"和"行"都主要体现的是道德内涵，只有在道德的意义上才可以理解其"一念发动处即是行"的含义。王阳明后来把自己的思想归纳为四句教："无善无恶心之体，有善有恶意之动，知善知恶是良知，为善去恶是格物。"四句教引发了儒学界极大的争论，对后世儒学的走向有重大影响。到底"心""意""知""物"是从"无"还是"有"来理解呢？王阳明的回答是，"四无说"针对的是上根人，"四有说"针对的是中根以下人。

王阳明的心学能够让人直观地体验到"良知"的思想境界，既简洁又深刻，备受后人推崇。梁启超在读王阳明的心学时说："阳明是一位豪杰之士，他的学术像打药针一般令人兴奋，所以能做五百年道学结束，吐很大光芒。"梁启超所说的打药针，便是清朝末年流行的吸毒，虽然这个比喻多少有些欠妥，但也一定程度上反映了阳明心学的吸引力。

王陽明先生遺像

戊戌年 薛昭源 敬造

老樹千年惟鶴住
深潭百尺有龍蟠
僧居却在雲深處
別作人間境界看

錄陽明先生遊靖興寺
詩 戊戌年 薛昭源

王廷相

王廷相（1474—1544），字子衡，号浚川，明代思想家，河南仪封人，祖籍山西潞州（今山西长治）。王廷相提倡复兴张载的气学，与王尚䌹被后世合称"气学二王"。《明史》称王廷相"博学好议论，以经术称。于星历、舆图、乐律、河图、雒书及周、邵、程、张之书，皆有所论驳，然其说颇乖僻"。著有《慎言》《雅述》等哲学著作。

王廷相任督察院御史时，有人对他的新下属张翰行贿，张翰犹豫不决。王廷相听说后，将张翰叫来，对他说："我昨天雨后，看见一个车夫穿了一双新鞋，一路小心翼翼怕弄脏。结果，有一下他不小心踩进了水坑，鞋沾上了污水，车夫自此也就无所谓鞋子了，踩着水坑一路小跑，最后因为鞋子沾了太多污泥摔倒了。"张翰恍然大悟，于是拒绝了贿赂，自此一生清廉。

对于王廷相的哲学来说，元气是最重要的概念："天地之先，元气而已矣。元气之上无物，故元气为道之本。"王廷相的气学主张虽继承自张载，却有别于张载。张载讲的气是抽象的气，是无差别的物质概念；王廷相讲的气则是具体的气，"口可以吸而入，手可以摇而得"，他否认物质的范畴实体，只承认具体的物质。王廷相也不承认朱熹讲的"理"，他认为程朱所言之理、天理，并非超越元气的独立实体，仅仅是气的载体而已，所以王廷相说："气，物之原也。理，气之具也。器，气之成也。"他否认伦理实体，只承认作为气的规律的理，也就是具体事物的具体规律。张载讲"德性致知"，认为认识依靠的是"德性"，是先天认识；王廷相则认为认识"内外相须"，是"思与见闻之会"。在王廷相看来，认识是归纳的认识，这也是近代自然科学萌芽时期的自然科学的认识观。王廷相的哲学主张是不承认形而上学的。因此，心学观点也遭到了王廷相的反对。心学讲"心性"和"良知"时，讲的不限于具体的道德品质，而是人真实的本性，但王廷相不承认形而上的伦理，他认为一切伦理都是具体的伦理，他认为人的道德不是先天的，而是习得的。

以王廷相为首的归纳实证主义学派的出现，象征着生产力的进步和自然科学的兴起。明朝时期，人们对自然活动规律的把握比以往更加精确，因此才会有如王廷相一般的学者主张通过归纳和实证认识一切。冯友兰在《中国哲学史新编》中也承认了王廷相肯定经验认识的进步性："有了这个基础，'理可以会通，事可以类推，智可以旁解'。"

王國相先生

宮使傳呼駕出妝芙蓉小苑盡生香。長門深鎖無由見，不及飛花繞玉床。

錄王延相先生《宮詞》一詩，己亥薛曉源寫

李 贽

李贽（zhì）（1527—1602），原名林载贽，字宏甫，号卓吾，福建泉州人，明朝思想家、文学家。李贽是明朝中后期社会思想变革的代表人物，其思想相对激进，提倡商业解放与伦理解放。封建势力对李贽进行打压，李贽则因此而更加激进，宣传伦理虚无主义与民粹主义来进行反抗。著有《藏书》《焚书》等。

万历三十年（1602），李贽遭上疏弹劾，称其"敢倡乱道，惑世诬民"，李贽在通州被逮捕抄家。朝廷判决将李贽发回原籍监禁，不许再从事讲学活动。李贽听闻后，感慨道，"吾年七十有六，死耳，何以归为"，决心以自杀来抗争。于是，在狱中要求剃头，并趁剃头的侍者离开的间隙，以剃刀自刎。侍者问："和尚痛否？何自割？"李贽答："不痛，七十老翁何所求！"于是，一代思想家就此陨落。

李贽生平的核心思想主张是"童心说"，这一主张是针对封建时代学界的教条主义提出的。"童心说"的观念类似于心学学派的"发心"，是一个人发自真心的主张，是一个人的独立判断。"发心"强调人的认识过程的出发点，而"童心"的社会伦理意义更强。"童心"是无差别的，因此人是先天平等的。同时，"童心"就是要承认"人欲"，反对"天理"。"天理"主张的是伦理实体，而不是它的价值，"童心"主张的则是平等的人为自己主张的价值。但这两者都未能将伦理实体和具体价值统一在抽象价值当中，都没有看到义与利的统一。儒家讲"圣人生知"，李贽便讲"人人生知"。李贽在社会观上，提出了民本论以及男女平等论，"是上自天子，下至庶人，通为一身矣"。李贽尊重婚姻自由，有力地对抗了封建主义。在封建社会，女子是不被允许参与学术活动的，但李贽率先打破了这个教条，李贽的学堂无论男女老幼皆可旁听，旁听者无论身份，皆互相称兄道弟。

李贽出于历史原因，有一定的民粹主义倾向，曾经采取辱骂和煽动等方式博取关注。但瑕不掩瑜，李贽的思想仍旧是反抗封建主义的有力武器。也正是因此，李贽一生毁誉参半，既有金圣叹等人骂他"节出李逵事来"，又有袁中道等人称赞他"骨坚金石，气薄云天"。

李贽先生

夫童心者，真心也。
若以童心为不可，是
以真心为不可也。夫童
心者，绝假纯真最
初一念之本心也。

己亥薛晓源写

黄宗羲

黄宗羲（1610—1695），字太冲，号南雷，世称梨洲先生，浙江余姚人。明末清初著名史学家、思想家，尤其擅长思想史，与顾炎武、王夫之、方以智、朱舜水并称"明末清初五大家"。黄宗羲的父亲是位列"东林七君子"之一的黄尊素。受父亲熏陶，黄宗羲自幼便好读书，学问渊博，思想深邃。著述众多，有《明儒学案》《宋元学案》《明夷待访录》等数十部著作留传。

明熹宗时，阉党擅政，东林党人遭大肆迫害，黄宗羲之父因弹劾魏忠贤，被下狱拷打致死。崇祯元年（1628），崇祯皇帝下令清洗阉党，将天启年间的冤案拿出来平反。黄宗羲上疏请求诛灭曾迫害其父的阉党余孽许显纯、崔应元等人。庭审期间，黄宗羲袖藏利刃，当众痛刺崔应元，拔其须发祭奠父亲，时人闻事，皆称"姚江黄孝子"。

黄宗羲的哲学体系以"气"为本体，他讨论了心、气、理的关系，认为"通天地，亘古今，无非一气而已"，宇宙间并无什么"物"来作为主宰，天地间只是一气流行。他认为气外无理，"宋儒言理能生气，亦只误认理为一物"，理并非物，理只是"气之流行而不失其则者也"。"夫在天为气者，在人为心；在天为理者，在人为性。"天地之气在人那里就是心，天地之理在人那里就是性，所以说，人心之理也就是天地万物之理。黄宗羲的《明夷待访录》有中国的"人权宣言"之称，表达了他"公天下"的政治理想，即政治的目的不在于一姓之兴亡，而是在于"万民之忧乐"，君主的经营为的是天下，不能把天下看作君主的家产。治理天下的责任应当由君主与大臣共同承担，如果君主不贤，可由宰相行使其职权。黄宗羲主张扩大学校的职权，学校应当成为议政机构，实现对官府的监督职能。这样的权力架构就形成了君主、宰相、太学的三权分立，与现代西方行政结构有些相似，这些具有近现代民主政治性质的政治理想是由黄宗羲独立提出来的，他没有受到西方政治思想的影响。黄宗羲的《明儒学案》不仅仅叙述了明代的儒学史，而且阐发了他的"一本万殊"的学术史观——"学者于其不同处，正宜着眼理会，所谓一本而万殊也"，表达了他尊重学术独创性与学者个性的观点。

冯友兰对黄宗羲的思想有很高的评价："就中国封建社会说，新时代的出现已经是山雨欲来风满楼了，黄宗羲的思想就是这股大风的风头。"

黄宗羲先生寶像

己亥薛曉源敬寫

方以智

方以智（1611—1671），字密之，号曼公，南直隶安庆府桐城（今安徽桐城）人。明末清初著名的思想家、科学家，与陈贞慧、侯方域、冒辟疆并称"明末四公子"，其为人宽仁，学识渊博，对天文历法、医药、物理、音乐、文学等都有研究。方以智祖上为士大夫家庭，明朝灭亡后没落。曾秘密组织反清复明活动，失败后在江西净居寺落发为僧，表示不愿顺从剃头令，法号愚者大师。著有《东西均》《物理小识》等。

明朝末年，各大党派都组织了自己的文学社，其中，以方以智为首的年轻人创办了"泽社"，高谈阔论古今之理，反对阉党。而阉党创办的"江社"则对东林党以及其他党派进行打压。当时的著名学者钱澄之曾在不知情的情况下加入江社，经方以智劝阻，退出了江社，江社的名声一时大减。方以智因此得罪了江社领头人阮大铖，后阮大铖把持南明政权，方以智本想支持南明反清复明，却被阮大铖为首的奸党迫害，流亡至贵州一带，与山民一同生活。

方以智的思想代表作是《东西均》。万历年间，意大利传教士利玛窦来到中国传教，也带来了一些科学思想。方以智将其分为"质测"（自然科学）、"宰理"（社会科学）和"通几"（形而上学）三类，主张东西思想合并，"坐集千古之智，折中其间"，以此建立一个完备的哲学体系。在方以智看来，"盈天地间皆物也"，"物"的构成要素是"气"，所以，他的哲学属于气本论思想。方以智强调人对生命的直接体验，认为真理就在这一个世界之中，就在我们的唯一一次生命当中。"人无奈死于安乐，不知心心无心之真心"，真理就在这里，"百姓日用而不知"。百姓都知道饮食，但"食髓知味"则不是人人都能做到的。而知味则是为了"勘生死"。方以智用以"勘生死"的核心易学理论，便是"真天统天地，真阳统阴阳，真一统万一，太无统有无，至善统善恶"，这种"合二为一"的思想说明方以智认识到了矛盾辩证统一的规律。

方以智晚年死于惶恐滩，有病逝说与投水自杀说两种说法。以余英时为首的主流观点认为，方以智多系殉忠义自杀而死。余英时先生的《方以智晚节考》中讲："密之死于病抑死于自沉，在彼个人生命史上固属大事，在文化史上则关系尤为重大。……'为人'而自杀者，非以一死求个人之解脱，而在尽人生之本分，如孟子所谓'舍生取义'也。"

方以智先生云：

善疑者，不疑人之所疑，而疑人之所不疑。己亥薛晓源敬寫

顾炎武

顾炎武（1613—1682），原名绛，字忠清，世称亭林先生，苏州府昆山（今江苏苏州昆山）人。明末清初著名学者、思想家、史学家，与黄宗羲、王夫之并称"明末清初三大儒"。南明政权失败后，顾绛改名为顾炎武，以表明自己如文天祥的学生王炎午一般的抗争决心。著有《日知录》《天下郡国利病书》《肇域志》等。

顾炎武撰写《音学五书》时，已经写好的《诗本音》又被老鼠咬坏了。顾炎武便再次誊写，并不时做些修改，脸上看不出任何沮丧。顾炎武的邻居劝他翻箱倒柜把老鼠赶走，顾炎武却说："要不是老鼠咬我的书稿，我可能就不会再修订一遍，也不会发现其中的错误。老鼠是我的恩人，所以就让它们在这里住着吧。"

如果说黄宗羲的思想强调民众应该掌握国家权力，那么顾炎武的思想就在强调与这份权力相对应的义务。顾炎武在《日知录》中主张："保天下者，匹夫之贱，与有责焉耳矣。"顾炎武意识到，如果民众没有自我拯救的意愿的话，仅凭某些能者的一己之力，是无法拯救人类社会的。民众必须意识到自己肩负的责任，否则就会重新走上推翻皇帝后自己称帝的封建之路。顾氏还提出，社会风气的好坏决定一个社会的兴衰，"风俗衰"是乱世之源。"风俗"也是近代哲学经常提到的概念，它指代的不是某种抽象的精神，也不是具体的事件，而是社会中的人执行所有事件时的基本执行方式。例如，如果一个社会中的大部分人做任何事时都抱着玩世不恭的心态，这样的社会即便取得了较高的生产力，也是偶然的。而要培养起能确立社会的进步性的社会风俗，就必须让民众"甘其食，美其服"。仅仅衣食充足是不够的，还要让民众看到它们的"甘"和"美"，然后"教化可行，风俗可善"。

以顾炎武提出的"经世致用"为首的思潮，改变了道学一贯的形而上学主张，转而研究社会学和教育哲学理论。梁启超在《中国近三百年学术史》中讲："我生平最敬慕亭林先生为人……但我深信他不但是经师，而且是人师。"

顏必政先生
己亥之夏薛曉源敬寫

王夫之

王夫之（1619—1692），字而农，号姜斋，湖南衡阳人，世称船山先生。王夫之曾参加抗清斗争，失败后隐居著述，留有《周易外传》《张子正蒙注》等数十部作品，后人整理为《船山遗书》。

王夫之晚年时，为躲避清廷的追捕而隐居深山，生活穷困潦倒，写作时有时连纸笔都要靠朋友周济。清廷的统治稳固后，想要笼络有名望的学者，于是撤销了对王夫之的通缉令，并且派官员携带礼金，邀请王夫之出山。王夫之虽然穷困，但不为所动，拒绝了清廷的礼物，并且回赠了清朝官员一副名对联——"清风有意难留我，明月无心自照人"，以示自己的气节。

王夫之继承并发展了气本论哲学，认为"人之所见为太虚者，气也，非虚也。虚涵气，气充虚，无有所谓无者"。在道学的"有无之辨"中，王夫之崇尚"有"。王夫之认为，"无"不是自为的概念，而是"有"的否定，是存在者的不在场；但"有"是自为的。道学还有形上形下的争执，但王夫之认为无论形上形下，都首先必须承认"形"，也就是承认事物能够具备形式而存在。因此，在认识的方法论上，王夫之提出"知行相资以为用"，"并进而有功"的知行观，但就知识的起源和行为的目的而言，行是第一位的，他认为必须先有实际存在的东西，认识才可能成立。在此基础上，做工夫的基本态度是"诚"。王夫之认为，道学讲的"诚"之心境，便是让存在自行显现的心境；让存在成为视点，然后一切都在它的视域之内，他把"诚"视为最高哲学范畴："诚者无对之词也。……说到一个诚字，是极顶字，更无一字可以代释，更无一语可以反形。"王夫之提出了"性者，生理也，日生则日成也"以及"习与性成"的人性论，他认为人性永远处于形成过程当中，"先天之性天成之，后天之性习成之也"。王夫之在肯定人道统一于天道的前提下，对人的道德理性、主体能动性进行了阐发，他认为"人之道，天之道也。天之道，人不可以之为道者也"，说明人必须依据人道，即"依人建极"。

谭嗣同称赞王夫之的思想为"昭苏天地"的雷声，梁启超说王夫之等人的思想"像电气一般把许多青年的心弦震得直跳"，章太炎也说："当清之季，卓然能兴起顽懦，以成光复之绩者，独赖而农一家而已！"冯友兰称"王夫之的贡献是旧时代的总结"。

王夫之先生

己亥之夏薛曉源敬寫

戴 震

戴震（1724—1777），字东原，又字慎修，号杲溪，休宁隆阜（今安徽黄山屯溪区）人，清朝著名经学家、思想家，梁启超称之为"前清学者第一人"。戴震对诗书礼乐、天文历算皆有研究，曾参与《四库全书》的编纂。著有《论性》《原善》等。

戴震在自传中称，自己在私塾读书时，并不像其他人那样将《十三经注疏》死记硬背下来，但碰见有道理的注释，便能过目不忘。某日，私塾先生教《大学章句》时，戴震问："这本书的作者怎么知道这句话是孔子说的呢？又怎么知道是曾子记下的呢？"先生说："这是朱文公考察得到的结论。"戴震又问："朱文公和孔子之间相隔近两千年，朱文公又怎么知道这究竟是真是假？"私塾先生也不曾思考过这些问题，听戴震问后，不禁大吃一惊："这个小孩不一般！"

出于对这些问题的思考，戴震发展了考据学，也就是考察历史书籍的真实性、还原历史的真实面貌的学科，这也是戴震最主要的历史贡献。除此之外，在哲学方面，戴震还发展了清代的训诂学，这一学科的性质近于解释学，借解释儒家经书，阐释经书中隐含着的、连撰写者自己也不曾意识到的概念，并衍生出新的思想。戴震也借解释"道"和"行"发展了自己的学说。戴震主张"道犹行也"，认为并没有能够独立于世界之外的"道"，而只有此处世界的发展变化。而"行"便是"阴阳五行"的"行"，是基本存在者的流变，这个"生生不息"的变化过程的整体，就叫作"道"。而"形上""形下"的区分，也是就这个世界当中的东西而言，而非就世界内外而言的。在旧的道学中，"理"既可以指伦理，也可以指自然规律，一方面是古代学者们未做区别，另一方面则有刻意混淆伦理和自然规律，为统治阶级找借口的嫌疑。戴震则特别地区分了伦理与自然规律，这既标志着伦理观和自然观的分离，也标志着戴震对封建思想统治的反抗。

清末学者章太炎首次将戴震摆上台面并极力推崇，并声称"铨次诸儒学术所原，不过惠、戴二宗"。这是在肯定戴震在考据学上的贡献，因此，戴震的哲学思想才逐渐为世人所熟知。另有胡适《戴东原的哲学》对戴震哲学做了详细阐释，认为戴震"可说是宋明理学的根本革命，也可以说是新理学的建设——哲学的中兴"。

戴震像 己亥薛晓源敬写

龚自珍

龚自珍（1792—1841），字璱人，号定盦（一作定庵），浙江仁和（今浙江杭州）人。清代思想家、文学家。龚自珍生前曾上疏请求改革思想体制，抵御殖民侵略，失败后辞官回家，次年去世。著有《定盦文集》以及诗集《己亥杂诗》等。

龚自珍的外公段玉裁告诫他"要做名儒，做名臣，不要做名士"，但龚自珍却是一副名士风骨，好议论朝政，语出尖刻，时常说整个社会都在混吃等死，招致了朝野上下的一致不喜。除此之外，龚自珍的私人生活也相当风流，他虽然相貌平平，身材五短，却凭其文采与气质，与许多才女有染，这也使当时的政坛主流对其不齿。而后世对龚自珍的评价，最终也便是一句"名士"。

第一次鸦片战争后，龚自珍已经预见到了清朝社会矛盾的激化。他称当时的时代为"衰世"，而"衰"的特征便是"无才"，没有有才的官吏、商贾，甚至没有有才的盗贼，一切都在平庸中无差别化，迎接慢性死亡。龚自珍指出，并非没有真正有才的人，而是社会风气使得有才之人"见戮"，庸人们嫉妒、迫害有才之人，企图让整个社会都平庸下去。这种社会风气，和道光皇帝的志大才疏也是分不开的。在这种风气之下，所有的人都不得不成为争权夺利、迫害他人的小人。龚自珍在《平均篇》中讲，当时土地兼并严重，"贫者日愈倾，富者日愈壅"，占社会多数的贫困人口"或以羡慕，或以愤怨"，结果便是"至极不祥之气，郁于天地之间，郁之久乃必发，为兵燹，为疫疠"。当社会矛盾积攒到一定程度，便会爆发社会冲突，后来果然发生了洪秀全领导的太平天国运动。龚自珍不仅揭示了"衰世"的特征，而且提出了"更法"的变易史观，在政治与经济方面提出了更法主张。龚自珍还以"自我"来取代"理""极"等传统哲学的最高范畴，以"心力"作为决定社会兴衰的动因："人心者，世俗之本也；世俗者，王运之本也。人心亡，则世俗坏；世俗坏，则王运中易。"

龚自珍意识到了平庸社会中的平庸之恶，梁启超对龚自珍这样评价："举国方沉酣太平，而彼辈若不胜其忧危，恒相与指天画地，规天下大计。"后人能够看出龚自珍的先见之明，同时代的人却觉得他只会无病呻吟，但真正生病的，是当时的整个社会。

己亥夏初寫龔自珍薛曉源

落紅不是無情物 化作春泥更護花

严 复

严复（1854—1921），原名宗光，字几道，福建侯官（今福建闽侯）人，近代启蒙思想家、翻译家、教育家，新法家代表人物。严复曾在福建船政学院读书，后留学英国皇家海军学院，培养了中国近代第一批海军人才，并翻译了《天演论》《原富》和《法意》等著作，将西方近代思想带入中国。其提出的"信、达、雅"的翻译标准沿用至今。

严复为人正直，做事认真负责，并因此升任北洋水师学堂的总教习。当时官场腐败，办事必须花钱，不仅办私事，办公务也是如此。他写信向他的四弟观澜诉苦，观澜建议，如果是为了办公务，不妨稍微巴结一下李鸿章。严复无奈去试了试，结果发现在当时的官场上，行贿比认真负责地做事更有效率，于是他向四弟调侃说："用吾弟之言，多见此老，果然即有好处，大奇大奇。"

谭嗣同以中学格义西学，严复则以西学格义中学，提出了更严谨的术语体系。他说，中学和西学之所以能互相格义，不是一种巧合。做学问的人在研究客观事实时，必然得出相同的结论，所以中学和西学能够互格，能够互译。为了揭示西学的先进之处，严复专门撰写了《原强》和《救亡决论》，揭示西方之所以强大的根本原因。文中认为中国之所以弱于西方，是因为教育体系落后，无法培养出现代社会公民，只能培养出封建官僚，因此严复提倡废除科举，兴办西学。为了严谨地引用西学，严复还系统地考察了逻辑学，他称之为"名学"，以避免诡辩的出现。在社会论上，严复认同斯宾塞和穆勒的思想，支持社会达尔文主义，认为自由必须以不侵犯他人自由为前提。在形而上学观上，严复则认同赫胥黎的思想，信奉英国经验主义，认为物自体不可知。

在近代思想家中，康有为、谭嗣同等人都只是把西学当作一个笼统的对象来认识的，而严复首次系统地学习了西方的哲学、语言学、逻辑学思想，并且将其带到了中国。胡适称"严复是介绍近世思想的第一人"，就连康有为也称赞说，严复是"精通西学第一人"。

嚴復先生云：

一個國家的強弱存亡
決定於三個基本條
件：一曰血氣體力之強，
二曰聰明智慧之強，
三曰德性義仁之強。

己亥薛曉源敬寫

康有为

康有为（1858—1927），原名祖诒，字广厦，号长素，广东南海（今广东佛山南海区）人，近代重要的政治家、思想家、教育家。康有为反对共和制，推崇君主立宪制，晚年称始终忠于清朝，不承认民国。著有《新学伪经考》、《孔子改制考》、《人类公理》（又名《大同书》）等。

1895年，中日签订《马关条约》，康有为联合一千三百名举人发动"公车上书"，后主导戊戌变法，变法失败后流亡海外。1904年，康有为来到瑞典，被北欧的安宁环境吸引，写道："瑞典一千二百岛，楼台无数月明中……岛外有湖湖外岛，山中为市市中山……"后康有为在斯德哥尔摩东南买下一座小岛，他还亲手设计了中国式园林，在岛上建造起"北海草堂"。1907年，康有为离开瑞典。康有为死后，瑞典将岛屿收归国有，但"康有为岛"的称号在华人圈保留了下来。

康有为持"天变道亦变"的进化论，提出"有据乱之世，有升平之世，有太平之世"的循序渐进的"三世说"，为维新运动提供了理论基础。1902年，康有为完成《大同书》，在书中描绘了"无邦国，无帝王，人人相亲，人人平等，天下为公"的理想社会。他说"一切仁政，皆从不忍之心生"，认为人类进化的动力在于"仁"的精神，归根到底是出于人"求乐免苦"的本能。康有为认为欧洲所以强大，就在于"开智学而穷物理"，而中国贫弱，"推原其故，皆八股累之"。所以，他推崇西方的科学理性思想，"出自几何公理之法，则其理较实"，倡导实证方法和逻辑方法。康有为在流亡海外时鼓吹复辟，甚至谴责与革命党合作的梁启超，称梁"辜负圣恩"。在君主是普遍而抽象的君主，制度是普遍而抽象的制度时，康有为作为一个知识分子能够在理论层面分清是非，但当君主是具体的光绪皇帝，制度是具体的清朝制度时，康有为却无法面对自己对皇帝"恩将仇报"的道德负担。康有为把孔子之教视作国魂，认为这是中国文明延续的根本原因，他甚至在晚年开始拥立复辟，崇尚尊孔复古。康有为的思想主张中有许多进步的观点，但康有为本人的思想却是封建的思想，他并没有在现实的层面发自内心地认同自己所说的主张。

梁启超称："先生最富于自信力之人也。其所执主义，无论何人，不能摇动之。于学术亦然，于治事亦然，不肯迁就主义以徇事物，而每镕取事物以佐其主义，……故短先生者，谓其武断，谓其执拗，或非无因耶。"

萧公權

開創則更定百度，盡滌舊習而氣象維新。守成則安靜無為，故縱使勝廢姜而百事隨棼壞。康有為先生如是說。

己亥薛陀源寫

谭嗣同

谭嗣同（1865—1898），字复生，号壮飞，湖南浏阳人，近代著名政治家、思想家，戊戌变法的主导人之一。谭嗣同出身于封建大官僚家庭，但其生性叛逆，青年时外出各地游历，学习了一些西学的新知识，归乡后，在湖南浏阳设立了一学会和算学格致馆，讲授西方新学，后听说康有为在北京设立强学会，于是赴京拜访康有为。1898 年，变法开始，康有为推荐谭嗣同成为军机章京，同年，戊戌变法失败，谭嗣同殉节。留有《仁学》等作品，后人整理其手稿，编为《谭嗣同全集》。

谭嗣同的《狱中题壁》的现行版本都是依照梁启超的记述传抄的。然而，在清朝刑部的传抄本《留庵日钞》中，刑部司员唐烜如此记述谭诗："望门投宿邻张俭，忍死须臾待树根。吾自横刀仰天笑，去留肝胆两昆仑。"谭嗣同被下狱时，梁启超已经逃往国外，刑部记载的诗歌版本理应更接近原版。梁启超将谭嗣同的"树根"改成了"杜根"，是想援引汉朝典故：杜根是东汉人，曾上书请邓太后归政于汉安帝，太后大怒，杀之。但行刑人手下留情，杜根逃过一死。梁启超还将"吾"改成了"我"，也有其想要提倡新文化的意图在里面，按照戊戌变法时士族的语言习惯，自称一般仍然是"吾"。

谭嗣同是变法派中唯一一个将变法的理论依据上升到形而上学高度的人。他的思想主要记述在《仁学》中。谭嗣同称，《仁学》的主要目的就是"冲决网罗"，冲破封建社会的伦理束缚，他认为："二千年来，君臣一伦，尤为黑暗否塞，无复人理，沿及今兹，方愈剧矣。"在《仁学》中，谭嗣同吸收了西方的以太论，认为"以太也，电也，心力也，皆指出所以通之具"。他将以太当作"不生不灭"的物质基本单位，将电当作驱动以太运动的动因，并且因此主张，因为万物都有电，所以一定都有一个"意图"，都有运动发展的方向和目的。谭嗣同甚至因此认为它们都有意识。谭嗣同认为，因为以太与电是万事万物的基本结构，所以由以太与电组成的人之间没有根本的差别，因此必须取消一切封建压迫以及华夷观念。除此之外，谭嗣同还主张"道器一体"，主张本体和形式的统一，借以反驳顽固派变器不变道的观念。变道不是将中国的道变成西洋的道，而是将清朝的道变成符合全世界发展的大道。谭嗣同认为事物发展的动力在于"心力"："心之力量，虽天地不能比拟。虽天地之大，可以由心成之、毁之、改造之，无不如意。"所以，他要用精神力量来推动清王朝的变革，推动中华民族的进步。

冯友兰在研究戊戌变法时也称："谭嗣同从哲学的高度为戊戌变法作了概括的说明和深刻的辩解。当时的先进的人们都没有达到这样的高度和深度，所以他就成为戊戌变法运动的最高理论家。"从史料对比来看，谭嗣同的思想确实比变法派的大多数人更加深刻，更有指导意义。

譚嗣同先生

望門投止思張儉，
忍死須臾待杜根。
我自橫刀向天笑，
去留肝膽兩崑崙。

承錄譚嗣同
《獄中題壁》詩
己亥薛曉源

孙中山

孙中山（1866—1925），名文，字德明，号逸仙，广东香山（今广东中山）人，政治家、革命家、思想家，中华民国和中国国民党的缔造者。孙中山早年在香港学西医，并成为西医医师；鸦片战争后，孙中山意识到医国比医人更加紧要，于是弃医从政。后组建兴中会和同盟会，发动革命建立中华民国，并任首届临时大总统。逝世后被国民党尊为中华民国国父。著有《建国方略》《建国大纲》《三民主义》等，著述被编为《孙中山全集》。

孙中山年幼的时候有一个姐姐，与孙中山非常要好。在姐姐青年时，由于封建社会的习俗，姐姐必须裹足，尽管姐姐不愿意，孙中山也极力劝阻，但封建社会的社会压力让他们不得不屈服。这让孙中山亲身体会到了封建社会对人的压迫，也初步形成了反封建的自我意识。在建立中华民国后，孙中山下了严格的命令，妇女必须废除裹足，男子必须剪掉发辫，以此解除封建社会在身体支配权上对人的禁锢。

孙中山的思想以三民主义著称。孙中山认为，近代中国国民所遭受的压迫来自三个方面：一是清朝贵族和列强对汉族人民的压迫，二是封建统治阶级对穷苦人民的压迫，三是拥有土地和财产的地主和大资本家对劳动人民的压迫。民族主义是为了反对清廷和列强的压迫，民权主义是为了反对封建统治阶级的压迫，民生主义是为了反对地主和大资本家的压迫。为了反对君权天授论，孙中山在自然观上提出了唯物主义的主张："何谓体？即物质。何谓用？即精神。"他认为，社会制度只是"用"，是服务于人的，而不是人的目的。全国人为君主制度服务的社会是不合理的。在认识论上，孙中山意识到，传统中国哲学"知易行难"的主张让人们轻视理论的作用，且不敢有所作为，不利于革命的进行，因此，他提出"知难行易"的主张，认为"不知亦能行"。很多人尽管已经做了，却仍然不知道自己在做什么。孙中山要唤醒这些人的思想，让他们有能力主张自己的权利。在历史观上，孙中山则受严复和近代改革派影响，继承了达尔文的进化论思想。他指出事物都在不断进化，旧制度也必定被新制度取代，以此来证明革命的必然性和合理性，坚定革命的信心。

毛泽东专门撰写了《纪念孙中山先生》一文赞誉他："在中国民主革命准备时期，以鲜明的中国革命民主派立场，同中国改良派作了尖锐的斗争。他在这一场斗争中是中国革命民主派的旗帜。……他全心全意地为了改造中国而耗费了毕生的精力，真是鞠躬尽瘁，死而后已。"孙中山为中国的思想解放和社会革命做出了重大贡献。

偉大的革命先行者孫中山先生

吾心信其可行,則移山填海之難,終有成功之日。吾心信其不可行,則反掌折枝之易,亦無收效之期。

己亥之夏 薛曉源敬寫

蔡元培

蔡元培（1868—1940），字鹤卿，又字仲申、民友、孑民，浙江绍兴府山阴县（今浙江绍兴）人。近代著名教育家、思想家、政治家、哲学家，曾任北京大学校长，开创了近代大学校园的进步风气。民国元年（1912），蔡元培主持制定了《中学令》和《大学令》，将中国的教育体制改革成近代西方的教育体制。在蔡元培的带领下，民国相继涌现了一大批学术和政治上的大师。其本人也研究哲学、美学与文化史等，著有《中国伦理学史》等著作。

梁漱溟青年时刻苦好学，曾在报纸上刊登其研究中西哲学的文章。蔡元培曾经读过他的文章，认为他功底好，前途无量。可是当他二十四岁那年去报考北京大学时，却没有考上。蔡元培得知后，认为这对学术界是重大损失，于是蔡元培打破常规，聘请落榜生梁漱溟到北京大学任教。事实证明，梁漱溟不仅能胜任教学工作，在学术研究方面还出版了其代表作《东西文化及其哲学》。

蔡元培认为，哲学有三个层次：自然哲学、综合哲学、玄学。自然哲学就是实证科学，综合哲学则是自然科学和社会科学的统一体，而玄学则是纯粹的形而上学。在世界观上，蔡元培支持康德的二元论，因此也最终走向了不可知论与神秘主义。而在伦理价值观上，蔡元培则主张义务论与自我实现论。他认为，人在履行义务的过程中获取其生存价值，实现自我生活的意义。蔡元培最主要的思想主张，是他的美育理论。他主张"以美育代宗教"。宗教是人对万物本原的原始解释，而蔡元培认为对本原的解释不应该表现为宗教这样的强制规定，而应该表现为怀疑精神和批判精神下的美育。美育不是教人学习某些具体的知识技术，而是教人反思自己的判断力，培养人获得美感以及超越性的价值感的能力。但蔡元培也注重实用教育，他说，"军国民教育、实利主义教育、公民道德教育、世界观教育、美感教育皆近日之教育所不可偏废"，主张"五育并举"，让大学能够培养全方面发展的人才。

蔡元培深谙育人之道，有育人的仁心，其学生遍布五湖四海，都对其赞誉有加，蔡元培无愧为一代宗师。黄炎培有这样的评价："有所不为，吾师之律己；无所不容，吾师之教人。欲人知求真一本自由，记从长绍兴中学，以至长北京大学，弗逾初旨。晚而主持科学研究。广纳众流，一贯斯道。从德量浑涵中，确标趋向。嗟余小子，心传窃奉终身。"

蔡元培先生

北大老校長
蔡元培先生云：
純粹之美育，所以
陶養吾人之感情，
使有高尚純潔之
習慣，而使人我之見、
利己損人之思念，以
漸消沮者也。
己亥薛砣源敬錄

梁启超

梁启超（1873—1929），字卓如，号任公，又号饮冰室主人等，广东新会人，近代思想家、政治家、教育家、史学家、文学家，戊戌变法的主导者之一。变法失败后，梁启超随康有为流亡日本，并坚持了康有为的保守政治思想，民国成立后，梁启超在政治上为袁世凯、段祺瑞等大军阀服务。护法运动后，北洋军阀倒台，梁启超终于意识到了彻底的思想革命的重要性，从此不问政治，专心研究文化。著有《中国近三百年学术史》《中国历史研究法》等，后人将其著作整理为《饮冰室合集》。

民国十五年（1926），梁启超因为尿血住进协和医院。经透视检查，梁启超右肾有瘤，于是在协和医院手术摘除了右肾，但是摘除后经解剖发现，这个肿瘤是良性的，而且摘除后梁启超的尿血并未好转。于是当时的社会人士纷纷指责西医"拿病人当试验品，或当标本看"，反对现代医学。于是梁启超写下《我的病与协和医院》，称"我盼望社会上，别要借我这回病为口实，生出一种反动的怪论，为中国医学前途进步之障碍"。

梁启超持进化即进步的历史观——"凡天下万物之不能不变也，天理也；变而日进于善也，天理而加以人事者也"，而历史的进步表现为获得幸福的范围越来越大，即"其幸福之范围，恒愈竞而愈广"，同时他认为"竞争者，进化之母也"。梁启超主张认识是求"心物合一"的过程，"慧观"就是心之所以能够合物的楔子，是认识在意识方面的原因。梁启超在历史上更以史学研究著称，在《中国历史研究法》中，他提出了调和历史本身的客观性与作史书的目的性的史学观，还提出了关于历史的整体性、连续性与历史事件的因果多元性的史学思想。这些史学思想打破了封建帝王对历史的垄断解释，为建立客观的历史学做出了重大贡献。梁启超还提出"新民说"——"欲维新吾国，当先维新吾民"，主张以新道德取代旧道德，首要的是"除心奴"，即"若有欲求真自由者乎，其必自除心中之奴隶始"。此外，"新民说"还强调要"道德革命"，他认为"无私德则不能立"，"无公德则不能团"，"知有公德，而新道德出焉矣，而新民出焉矣！"中国传统社会偏重私德而轻视公德，梁启超主张大力培育国民的公德，国民要承担起报群报国之义务。这不是说私德并不重要，相反，梁启超强调"欲铸国民，必以培养个人之私德为第一义"，公德与私德是相辅相成的，私德更为根本。

梁启超文学功底深厚，笔法清奇。他利用新颖的文学手法，将其思想主张连同时代的思想问题一同写成脍炙人口的文章。黄遵宪称梁启超的文章"惊心动魄，一字千金，人人笔下所无，却为人人意中所有，虽铁石人亦应感动。从古至今，文字之力之大，无过于此者矣"。

梁启超先生

少年智则国智，少年富则国富，少年强则国强，少年独立则国独立，少年自由则国自由，少年进步则国进步，少年胜于欧洲则国胜于欧洲，少年雄于地球则国雄于地球。

梁启超先生在《少年中国说》如是吟诵。薛晓源敬录

王国维

王国维（1877—1927），初名国桢，字静安（庵），又字伯隅，浙江海宁州（今浙江嘉兴）人，近代著名学者、文学家、哲学家。王国维早年学习过中国传统思想，也学习过西学，戊戌变法前夕，王国维曾在变法派的《时务报》工作。1901年东渡日本留学，回国后在苏州和南通教授哲学、伦理学、心理学与社会学。1927年于颐和园投湖自杀，原因不明。著有《人间词话》《曲录》《观堂集林》等。

王国维的成就与罗振玉的资助有分不开的关系。1898年，王国维进入罗振玉主办的东文学社。在东文学社学习期间，王国维偶尔会题诗。一次，他给一位同学的扇面题诗，诗云："西域纵横尽百城，张陈远略逊甘英。千秋壮观君知否？黑海东头望大秦。"这首诗恰好被路过的罗振玉看见。罗振玉同样学识渊博，对学问与人才都独具眼光，他阅读后发现王国维的知识素养非同寻常，对王国维大加赏识。从此，王、罗二人结下终生之交。

王国维是近代中国理性主义哲学的代表人物。他推崇康德的思想，认为由经验推导而来的依据最后依然需要其他依据，而不能达到真正的认识。他将康德的"理性"称作人的"天官"，也就是感官的根本。他用康德思想重新解读了中国传统伦理学。在《静庵文集》的《论性》中，王国维认为人性之根本无所谓善恶，经验的善恶不能说明问题，而先验的善恶则是二律背反的，没有讨论的意义。他认为，要解脱人世之苦，不在于争论人性本善恶，而在于放下"生活之欲"。王国维在《论哲学家与美术家之天职》中提出，哲学的作用是"发明此真理"，美术的作用是"以记号表之"。追求"纯粹之知识"是哲学的事，表达"微妙之感情"是美术的事。这些都不在"生活之欲"的范围内，所以被生活之欲看作无用的。但是，只有人类有超出生活之欲的精神，而不只是像动物一样凭生活之欲行事。而后，王国维在《人间词话》中更详尽地阐释了其美学思想：美术之所以是美术，正是因为它表现出了自然所不能表现出的纯粹理念。当艺术家围绕着现象描绘它的纯粹理念的时候，现象就有了意境，人与客观现象才能做到意与境的"不隔"。

王国维的文学和史学成就极为显著，以至于很多人不知道他是个哲学家。冯友兰说："王国维学问广博，著书宏富，对于历史学、文学、哲学、美学都有深刻的研究，但他在文学、美学、哲学等方面的成就为其历史学所掩……"虽说如此，王国维的哲学与美学思想也绝非不突出，《人间词话》的盛行也证明了他的美学思想成就。

王戫維先生

余疲於哲學有日矣。哲學上之說，大都可愛者不可信，可信者不可愛。余知真理，而余又愛其謬誤偉大之形上學、高嚴之倫理學與純粹之美學，此吾人所酷嗜日也。

己亥薛曉源敬寫

陈独秀

陈独秀（1879—1942），字仲甫，号实庵，安徽怀宁人。近代革命家、政治家、思想家，中国共产党的创始人之一。曾倡导发起新文化运动和五四运动，是近代新民主主义的代表人物，留有《独秀文存》。

有一次，陈独秀去好友刘季平家做客，看见刘季平家墙上挂了一首诗。这首诗是民国文人沈尹默在刘季平家做客时即兴赠予的。陈独秀性格耿直，看了看之后便直说，诗做得很好，其字俗入骨。沈尹默听说后不服，与陈独秀理论，结果写出字来确实不尽如人意。沈尹默大为羞愧，于是发愤练习书法，最后成为一代书法大家，甚至被称为"米元章（米芾）以下"。

陈独秀"崇实际而薄虚玄"，他不热衷于研究形而上学，而以社会和政治思想闻名。陈独秀在新文化运动中持激进派主张，认为中国应该全盘西化，彻底根除封建社会遗留的一切文化，声称"孔教与共和乃绝对两不相容之物"。陈独秀认为，当时的中华民国在表面上推行了民主制度，但是制度得不到贯彻，人们依旧在用封建主义的文化当作行为的指导。因此，要贯彻民主和科学的理想，就必须根除旧文化，并且摒弃带有封建色彩的古汉语，转而以拉丁字母式的西文当作国民的语言，这样才便于普及来自西方的民主和科学思想。但陈独秀也认为，尽管不能在社会上提倡孔学，但也不能妨碍学者和私人团体研究孔学，否则就违背了科学研究的精神。陈独秀主张，优秀的文化既要让国民懂得人性和尊重，又要让国民充分进取和竞争。在抗战后，陈独秀潜心于研究汉语语言学，考察中国古代语言的音韵。

陈独秀性格倔强，从来不屑于遮掩自己的意图。鲁迅先生在《忆刘半农君》一文中提到过他对陈独秀的印象："假如将韬略比作一间仓库罢，独秀先生的是外面竖一面大旗，大书道：'内皆武器，来者小心！'但那门却开着的，里面有几枝枪，几把刀，一目了然，用不着提防。"

陳獨秀先生

青春如初春，如朝日，如百卉之萌動，如利刃之新發於硎，人生最寶貴之時期也。青年之於社會，猶新鮮活潑細胞之在身。陳獨秀先生如是說。
己亥薛曉源寫

熊十力

熊十力（1885—1968），原名继智、升恒、定中，号子真、逸翁，又号漆园老人，湖北黄冈人，著名哲学家、国学大师。著有《新唯识论》《原儒》《体用论》《明心篇》等。

熊十力以佛家唯识宗思想分析儒学伦理，形成了独特的理论体系。1924年，熊子真在讲唯识宗思想时，对旧唯识理论产生了怀疑，于是开始草创《新唯识论》。为了表明决心，他更名为熊十力。"十力"是《大智度论》赞扬佛祖的超群智慧的话。熊十力拟将《新唯识论》分为两部：上部《境论》与下部《量论》。《境论》描述从现象到本质的过程，书中云，"所量名境，隐目自性，此中境者，以所量名"，"境"是现象和本质的"中境"，而我们根据从表象而来的辨析方法命名它。《量论》则描述从表象出发和从本质出发的辨析手法的根本区别，进而从中辨析出本质的语言形式，书中云，"量者，知之异名。量境证实……或不证实，应更推详，量为何等"。但《量论》最后未能写成。从新唯识论出发，熊十力认为，真正的"仁"要发自"本心"。也就是说，只有在有必然原因的现象中寻找伦理规则，这种伦理规则才是真正可靠的规则，将这样的规则普及到社会中，才能实现真正的"仁"。

王元化先生曾经向熊十力学习佛学。他在为《新唯识论》再版作的序中回忆道："十力先生师友弟子多称他性格狂放，意气自雄，……他在自己著作上署名'黄冈熊十力造'，颇引起一些议论，因为在印度只有被尊为菩萨的人才可以用这说法，据传他也曾经自称'熊十力菩萨'。他在论学时往往意气风发，情不自禁。"自古以来，有才能的学者多有傲气，熊十力也可以算是其中的典型了。

熊十力先生云：

吾國人今日所急需者，
思想獨立，學術獨立，精
神獨立，一切依自不依
他，高視闊步而游乎廣天
博地之間，空諸依傍，自
誠自明，以此自樹將為異日
文化開發新生命。

己亥春薛旺源敬錄

李大钊

　　李大钊（1889—1927），曾名李耆年，字守常，又字寿昌，河北乐亭人。近代革命家、思想家、政治家，中国共产党的创始人之一。李大钊曾在日本早稻田大学留学，学习近代西方经济学，并开始接触马克思主义理论；回国后担任北京大学图书馆馆长，投身新文化运动和五四运动，积极宣扬民主，打击军阀专制，但不幸被奉系军阀逮捕处决，牺牲时年仅三十八岁。著有《庶民的胜利》等作品。

　　李大钊出身于一个普通的农户家庭，早年只有一个粗俗的诨名。中国古代民间有为幼子起粗俗诨名的习惯，因为古代医疗不发达，婴儿夭折率高，人们普遍认为给幼子起粗俗的诨名可以避开神灵鬼怪的注意，因而让幼儿免遭夭折。直到李大钊进入私塾读书，李大钊的先生单子鳌才为其起了一个雅名李耆年，字寿昌，意为希望其长寿。李大钊留学日本后，接受了马克思主义思想，抛弃了民间传统的迷信思想，将自己的名改为大钊，字改为守常，以证明自己维护真理、救国救民的志向。

　　李大钊是伟大的马克思主义者，是五四新文化运动时期马克思主义理论最重要的代表。自1919年起，他先后发表《我的马克思主义观》等文章，在中国哲学史上第一次对唯物史观做了系统的介绍和阐释，并提出了把马克思主义哲学应用于中国实际的思想，"应该细细的研考马克思的唯物史观，怎样应用于中国今日的政治经济情形"，就是要"去作民族独立的运动，把中国从列强压迫之下救济出来"。李大钊十分反感当时暮气沉沉的社会，在梁启超《少年中国说》的影响下，李大钊提出了著名的"青春"哲学，指出唯物史观对于人生观的重大意义。"青春"不仅指人的年少阶段，更指一切新事物开始形成发展的时段。一切事物都在变化之中，一切事物都要经历像人的生命一样的诞生、发展与灭亡，而唯有青春的东西才有继续发展的可能性。李大钊认为，当时的中国社会已经进入暮年，失去了变化和发展的空间，因此必须"再造青春中国"，让新中国取代旧中国、新制度取代旧制度。改良派的主张，是想要借助更换一部分器官让旧帝制苟延残喘，这无法改变中国的暮气现状，也无法让中国获得更多发展的可能性。李大钊指出，中国的问题不是"苟生残存之问题"，而是"复活更生、回春再造之问题"，革命的任务不是挽救"老年中国"，而是要重新树立起一个青年中国。因此，李大钊认为"挽救中国"的说法并不妥当，他也在文章中尽量避免使用这样的词语。李大钊认为必须通过阶级斗争来改造社会组织，"一方面是个性解放，一方面是大同团结"，要实现两方面的统一。

　　鲁迅先生说："守常先生……给我的印象是很好的：诚实，谦和，不多说话。《新青年》的同人中，虽然也很有喜欢明争暗斗，扶植自己势力的人，但他一直到后来，绝对的不是。"

李大釗先生

李大釗先生玄：
鐵肩擔道義
妙手著文章
今日是五四運動百周年紀念日，寫先哲以表敬意。
己亥初夏薛旭源

陈寅恪

陈寅恪（1890—1969），字鹤寿，生于湖南长沙，祖籍江西义宁（今江西修水），中国近现代的历史学家、古典文学家、语言学家、思想家，与吕思勉、陈垣、钱穆并称为"前辈史学四大家"。1910年，陈寅恪考取公费留学，直到1925年，陈寅恪先后在德国、瑞士、法国、美国求学，精通十几种语言以及十几国历史。回国后在各大知名学府任教，著有《隋唐制度渊源略论稿》《唐代政治史述论稿》《元白诗笺证稿》等。

民国初年的著名学者刘文典，抗战时期在西南联大与陈寅恪一同任教。他傲气十足，常常自比庄子，谈及陈寅恪时却佩服得五体投地。有一次日本空袭，刘文典从教学楼跑出来，又想起陈寅恪又近视又跛足，于是又赶紧折返回去，找到陈寅恪，叫人搀着他一起跑，边跑边喊："保存国粹要紧，保存国粹要紧！"

陈寅恪在新文化运动中持古文派的立场，反对以胡适为首的实用主义派的白话文改革。他认为，每一种语言都有不可替代的地方，不能用西式的语言全盘代替中文。因此，他要求出版商必须竖排繁体印刷他的作品。他认为，一个民族要富强，除了要与时俱进，还必须有一个普遍基本的抽象精神原则在底部支撑，主张"天理人事之学，精深博奥者，亘万古，横九垓而不变，凡时凡地，均可用之。而救国经世，尤必以精神之学问为根基"。否则，如果只注重实用，就会导致"不图精神之救药，势必至人欲横流，道义沦丧"。面对新文化运动的浪潮，陈寅恪在王国维纪念碑文中提出了"独立之精神，自由之思想"的主张，他认为，新文化虽然是在鼓励人们自由思想，但有很多人只是看着其他人说"自由"便人云亦云，这些人本质上是不自由的，因此他偏偏要逆着潮流讲国学。陈寅恪提倡"朴学"，即汉语文字考据学。朴学通过辨析汉字的基本概念内涵与其源头来获得其深层次的语言逻辑，这种考据学看似是在考据旧学说，实际上范式非常科学，远非古代经学能比。他提倡用朴学的方法考察史学，认为历史研究必须在古人的风貌细节上考察实据，面向历史本身，还原历史的本来面貌，而不能以今度古、以己度古。

陈寅恪治学的深度和广度，在近代众大师当中都算出类拔萃。梁启超极力推崇陈寅恪的学问，称："我梁某人算是著作等身了，但总共著作还不如陈先生寥寥数百字有价值。"陈寅恪潜心治学，涉猎广泛，在近代的学者中享有很高的声望，无论是白话文学者，还是古文学者，抑或是西文学者，都十分尊崇他。

陳寅恪先生

陳寅恪先生云：惟此獨立之精神，自由之思想，歷千萬祀，與天壤而同久，共三光而永光。

己亥薛曉源敬錄

胡 适

　　胡适（1891—1962），字适之，生于上海浦东，祖籍安徽绩溪，曾名嗣穈，字希疆。现代思想家、教育家、文学家，倡导白话文，推动新文化运动。著有《中国哲学史大纲》《尝试集》《白话文学史》等。

　　胡适十九岁时考取了庚子赔款的官费生，留学美国，师从美国哲学家约翰·杜威，回国后任北京大学教授，提倡新文学和汉语改革。当他在讲授白话文时，有同学提问："白话文难道没有丝毫缺点吗？"胡适说："没有。"那位同学反驳："白话文不精练，打电报用字多，费钱多。"于是胡适问，前些天有朋友打电报请他去行政院工作，他谢绝了；但电报该怎么回呢？学生们说："才学疏浅，恐难胜任，不堪从命。"胡适说："我只用了五个字，'干不了，谢谢'。""干不了"三字既说明自己不愿，又自谦能力不足，一语双关。学生们无不叹服。

　　胡适的哲学思想以英美实用主义与经验主义为主，崇尚可验证的、对人的实际生活有意义的思想，提出"大胆假设，小心求证"的方法论，以这种理论为依据，胡适为学术界建立了学术范式的基础标杆。胡适的《中国哲学史大纲》是第一部以现代的学科范式写作的中国哲学史著作。他在其中说："哲学的定义从来没有一定的。我如今也暂下一个定义：'凡研究人生切要的问题，从根本上着想，要寻一个根本的解决：这种学问，叫做哲学。'"胡适认为哲学是用来解决问题的，提出"有用即真理"的观点——"真理原来是人造的，是为了人造的，是人造出来供人用的"。胡适建立学科范式时，也以实用主义思想为指导，例如胡适认为，学术范式的内涵必须是确定的、普遍的共识，这样阅读的人才能根据范式理解并评判其内容。这种思想在科教落后的近代推动了科学和教育的普及，也推动了中国建立现代化的教育体系。胡适较为推崇伦理学，认为伦理学能够解决人的实际道德问题。胡适的实用主义思想决定了他更关注文哲理论的现实应用，在当时开创了学科基础范式，在学术工作的实用方面的贡献无可替代。

　　余英时说："对于这样一个启蒙式的人物，我们既不能用中国传统'经师'的标准去衡量他，也不能用西方近代专业哲学家的水平去测度他。"胡适在西方哲学和哲学史两方面都具有基本训练则是不可否认的。这一点训练终于使他在中国哲学史领域中成为开一代风气的人。

胡适先生

凡研究人生切
要的問題，從根
本上着想，要尋
一個根本的解決：
這種學問，叫做
哲學。這之先生
如是說
己亥 薛曉源 寫

梁漱溟

梁漱溟（1893—1988），原名焕鼎，字寿铭，二十岁时取字曰漱溟，原籍广西桂林，出生于北京。他一生倾全力解决的问题主要有二：一是人生问题，一是社会问题。主要哲学著作有《东西文化及其哲学》《中国文化要义》《人心与人生》等。

梁漱溟人生哲学包括两个方面的内容：以意欲和心的活动为内容的生命哲学；以直觉和理性活动为内容的心性本体学说。他前期论生命，以"意欲"为核心概念；论心性，则以"直觉"为核心概念。20世纪30年代以后，其论生命，着重言"心"；论心性，则以"理性"代替前期的"直觉"概念。在《东西文化及其哲学》一书中，他把生命理解为"意欲"的活动历程，认为宇宙就是一个大生命，是意欲向前、奋进不已的创造，但这种意欲相续的生命历程，又有着其本然的方向性，而非非理性的盲目的冲动之流，这便与西方非理性主义的生命哲学划清了界限；同时，此生命之流乃是刚健、生生、向上奋进不已的创造，有着自身肯定性的价值和意义，这又与佛家"无常"的生命和宇宙观迥异其趣。宇宙大生命趋向于通、自觉、理性、自由，人生代表了这一宇宙大生命的趋向，所以，"人类生命的意义在创造"。

文化的"三路向"说，是梁漱溟文化哲学的核心思想。他在《东西文化及其哲学》一书中，对世界主要文化的三种路向做了概括说明。其中，西方文化"是以意欲向前要求为其根本精神的"；"中国文化是以意欲自为调和、持中为其根本精神的"；"印度文化是以意欲反身向后要求为其根本精神的"。在文化"三路向"说的前提下，他提出了"世界文化三期重现说"，并预期中国文化在不久的将来会有复兴。因为在他看来，虽然西方意欲向前的态度有很大的成就，但也已经暴露出了一些弊端，比如机器对人的奴役、人的异化、贫富对立、生产过剩、失业现象等等。西方人的眼光开始由物质欲望转向"人类情志"方面，西方的哲学思想亦"不知不觉变了方向"，西方意欲向前求满足的第一路向已快走到尽头，接下来，应是持意欲调和折中态度的中国文化的复兴。当然，持意欲向后消解态度的印度文化在中国化之后将会复兴，但那是在遥远的将来的事情了。这就是梁氏的"世界文化三期重现说"。

梁漱溟认为中国社会与西方不同，它既不是以个人为本位，亦不是以社会为本位，而是一种由家庭关系扩充而成的"伦理本位"的社会。中国社会的两大特点就是"伦理本位"和"职业分途"。梁漱溟的这些思想对探究中国文化的特点及其与西方文化的比较，具有重要的参考价值。

梁漱溟先生曰

人類面臨有三大問題，順序錯不得。先要解決人和物之間的問題，接下來要解決人和人之間的問題，最后一定要解决人和自己內心之間的問題。

五四運動百年紀念日 薛曉源敬錄

汤用彤

汤用彤（1893—1964），字锡予，祖籍湖北黄梅，生于甘肃渭源，现代著名哲学家、佛学家、教育家。

汤用彤毕生致力于中国佛教史、魏晋玄学和印度哲学的研究，代表性著作有《汉魏两晋南北朝佛教史》《隋唐佛教史稿》《印度哲学史略》《魏晋玄学论稿》等。其中，《汉魏两晋南北朝佛教史》《隋唐佛教史稿》两书，系统阐述佛教从印度传入中国至于隋唐时期的历史发展过程及其特点、佛学思想与中国传统思想的相互关系，考察中国佛教各个学派、宗派的兴起和衰落过程及其原委，对中国佛教史料中关于佛教传入汉地的时间、重大佛教历史事件、佛经传译、著名僧人的生平、宗派与学派的关系、佛教与政治的关系等的内容，做了严谨的考证和解释，材料丰富、方法严谨，考证方面有新发现，义理方面有新建树。他所著的《印度哲学史略》，是运用现代学术方法研究印度哲学史的一部极重要的著作，其内容恰为他研究中国佛教史提供了必要和丰富的印度历史知识。汤用彤认为，外来佛教在中国之流传，先是依托汉代流行的道术，而为"佛道"；进而又附属于魏晋玄学，而为"佛玄"；至南北朝后期佛教经论讲习之风大盛，到隋唐时期出现了中国式的佛教。他还对许多玄学问题进行了深入的分析，勾画出了魏晋玄学演变比较可信的轮廓。汤用彤在研究佛教史时，还注意研究道教史的有关问题，他指导王明研究道教，王明编的《太平经合校》成为研究道教的重要资料。

湯用彤先生

肇公之學說，一言以蔽之曰：
即體即用。在所著諸論中
當以《物不遷論》為最重要。
論云心未嘗於諸動，不釋
動以求靜。又言：靜而
常往，往而常靜。均主
即動即靜。

己亥 薛曉源 敬寫

冯友兰

冯友兰（1895—1990），字芝生，河南南阳人。中国现代著名哲学家，现代新儒家的代表人物。冯友兰幼年时，冯父在张之洞的西式学堂任职，冯友兰也因此得以接触近代西方思想。后冯友兰读了西式学堂，并进入北京大学修习哲学，恰逢梁漱溟和胡适到北大任教，受二人影响，冯友兰开始关注中西哲学比较问题，并将其当作主要研究方向。著有《中国哲学史》《中国哲学简史》《中国哲学史新编》《贞元六书》等。

冯友兰著述众多，但讲课说话有些口吃。据蒋寅《金陵生小言》卷一《儒林外传》云："哲学家冯友兰亦口吃，1948年自美国归，于清华开'古代哲人的人生修养方法'讲演，首次听者达四五百人，第二周减至百余人，第三周只余二三十人，四五周后竟只剩四五人听讲，以其口才不堪卒听也。"于是冯友兰想了一个办法，每当犯口吃的时候，他便停顿一下，叫学生发表看法。如此一来，冯友兰上课流畅了很多，与学生的互动也变多了，听众又逐渐多了起来。

冯友兰推崇儒家思想，并用现代哲学的范式对儒家哲学做了系统的阐释。儒家思想推崇伦理学和做人的问题，却缺乏清晰的概念体系。但是，伦理学问题确实有一部分是无法用逻辑概念的推演陈述的，尤其是中国哲学的伦理学问题。因此，冯友兰主张，"一个完全的形上学系统，应当始于正的方法，而终于负的方法"。"正的方法"就是清晰的概念推演，"负的方法"就是直观的伦理体验。因此，冯友兰找出了中国哲学的"理""气""道"等概念与西方古典哲学的"精神""物质""意志"等概念共有的内涵，但又指出，这种概念分析的方法只是"正的方法"，不能把概念当作伦理学的全部。若要在"正的方法"和"负的方法"之间来回转变，则需要人的"心性"具备一定境界。冯友兰认为，人的心性有四种境界：自然境界、功利境界、道德境界、天地境界。不同境界的人，对同一件事的觉解不同，因此做同一件事，却能产生不同的意义。自然境界的人做事只是习惯；功利境界的人做事是为了特殊的利益；道德境界的人做事是为了普遍的道德；而天地境界则是人与天地为一之至高境界。

冯友兰之婿、著名学者蔡仲德认为，冯友兰的一生可分为三期：建立自我、失落自我、寻回自我。冯友兰的一生是近代中国知识分子的缩影，具有超出他个人的典型意义。学界一致认为冯友兰是近代中国哲学史的集大成者，在中国哲学的对外传播中具有不可替代的作用。

梁漱蘭先生

我們可以把各種不同的人生境界劃分為四個概括的說起，它們是自然境界、功利境界、道德境界、天地境界。馮友蘭先生如是說

己亥薛林源敬寫

金岳霖

金岳霖（1895—1984），字龙荪，原籍浙江绍兴诸暨，出生于湖南长沙。早年留学美国，获哥伦比亚大学博士学位，曾任清华大学、西南联大、北京大学哲学系教授，是我国现代著名的哲学家、逻辑学家，主要哲学著作有《论道》《逻辑》和《知识论》等。

金岳霖本体论的最根本的概念是"道"。《论道》是金岳霖生平四本专著之一，此书所讨论的内容即本体论的问题。《论道》开宗明义指出："道是式—能。""道有'有'，曰式曰能。""能"大概相当于纯材料，此与程朱理学的气、亚里士多德的质料类似；"式"则是纯形式，与程朱理学所谓的天理类似；式无二，能不一。任何对道的解说，都是以一定的立场、景观和方式谈论的道，它与真正的、本然的道已有了一定的距离。为此，金岳霖把道区分为名言的道与非名言的道。

金岳霖提出"本然世界"这一概念，以区别于当下现存的世界。所谓"本然世界"，乃预先设定的一个逻辑上不矛盾的世界。在这个世界中，只要是逻辑上不矛盾的都是存在的。金岳霖称这个世界为"本然世界"，然后从本然世界推导出具体的现存世界。在金岳霖看来，研究形而上学或元学，与研究知识论，态度应有所不同。研究知识论，可以采取一种冷静客观的态度，而研究形而上学或元学，则要"不仅在研究对象上求理智的了解，而且在研究底结果上求情感的满足"，他基于自己所秉承的中国文化传统及其情感需要，选择"道"作为其本体论系统的最高范畴。

金岳霖认识论方面的著作主要是《知识论》，这是他花精力最多、时间最长的一本书。此书主要回答"知识究竟是什么"这一问题，他认为知识论"不是指导我们怎样求知识的学问……它底主旨是理解知识"。如何理解知识，研究、探讨知识的理，有两个相互联系着的内容：其一是知识是如何产生的，或者说，作为科学知识体现者的科学理论是如何第一次被表述出来的；其二是探讨这些知识怎样被证明为合理的。为此，他对概念的摹写与规范作用进行了探讨，认为就意念的摹状说，意念有后验性；就意念的规范性说，意念有先验性。

金岳霖还提出"理有固然，势无必至"的因果论命题，认为任何事物都必须遵循理，但某个具体事体究竟发生与否则是或然的。该命题对普遍与特殊、必然与或然、共相与殊相、理与势的关系做了探讨。

金嶽霖先生

世界上似乎有很多論哲學動物，家自己也只是一個，就是把他們放在監牢裡做苦工，他們似乎是屬腦子的問題——他們腦子里有哲學問題。
金岳霖先生如是說

己亥 薛曉源寫

跋

根据王国维在《论哲学家与美术家之天职》中提出的标准，薛晓源教授当属"旷世之豪杰"，举一人之力，居然在不到一年的时间中画出了100幅中国哲学家的肖像。这些画神形兼备，他们活脱脱地一下子出现在你的面前，似乎一眼就看到了你的心底，你不禁一惊，自然要发问：他们是谁？来自哪里？

遵薛晓源教授嘱托，章伟文教授、陈伟功博士与李嘉泰硕士为这100位先哲撰写文字形式的"肖像"。章伟文教授撰写了21条，周公、管子、晏子、孔伋、李悝、列子、杨朱、商鞅、慎到、许行、宋钘、尹文、屈原、邹衍、贾谊、慧远、玄奘、李觏、梁漱溟、汤用彤、金岳霖等，字字珠玑，句句箴言，体现了深厚的学养与严谨的治学精神。陈伟功博士与李嘉泰硕士师生撰写了其余79条，尽心竭力地用文字诠释着先哲的生命与智慧。

曹植在其《画赞序》中提出"是知存乎鉴戒者，图画也"，这是寓教于画的传统观点。何以能如此？答案就在于一个字——"情"。曹植道："观画者，见三皇五帝，莫不仰戴；见三季暴主，莫不悲惋；见篡臣贼嗣，莫不切齿；见高节妙士，莫不忘食；见忠节死难，莫不抗首；见放臣斥子，莫不叹息；见淫夫妒妇，莫不侧目；见令妃顺后，莫不嘉贵。"一张张画像迎面扑来，瞬间以其整体的力量把观画者的精神搅扰起来，其情感真可谓"言之不足，故嗟叹之；嗟叹之不足，故永歌之；永歌之不足，不知手之舞之足之蹈之"。

这100位先哲在思考什么呢？整个宇宙和世界是由什么构成的，它们是如何运行的，有关思想可称之曰宇宙论、世界观；世界的本原是什么，万事万物统一于什么，统一于气还是理，有关思想可称之曰本体论、存在论；自然是如何存在的，天、地是否有道，它们与人的关系如何，有关思想可归之曰自然观、天人观；人的本质如何，人在世界中的独特性是什么，人性本善还是本恶，有关思想可归之曰人性论；人与人应当如何相处，人的道德是从哪里来的，道德规范有哪些，它们是否有演化规律，有关思想可归之曰道德论；世界是否由外在于人的神秘力量主宰，如果有，那是什么，有关思想可归之曰宗教观；人是如何认识世界的，人的认识是否真实，如何检验其认识结果，有关思想可归之曰认识论；社会是怎么构成的，应当如何治理，有什么样的规律，有关思想可归之曰社会观；国家又是怎么构成的，它的结构如何，如何运行，有关思想可归之曰国家观……不同领域、不同层次、不同角度、各种各样的问题纷至沓来，经过先哲们那睿智的大脑的加工，各种学说形成文字后又如闪电火花般激活了读者的思维和精神。

若论绘画与哲学的关系，王国维讲：哲学追求"纯粹之知识"，发明真理；美术追求"微妙之感情"，"以记号表之"。这也正是强调了曹植所讲的"画者，鸟书之流也"，即后世所云"书画同源"之意。薛晓源教授执笔研磨几十载，披肝沥胆，以哲学与绘画为"天职"，他深谙此理，将二者集于系列丛书，熔思想与绘画于一炉，不论古今中外，凡是人类精神的精华，皆欲帮助受众一把拎起，志向高远，功德无量！

西哲卡西尔称"人是符号的动物"，可谓一句可使人的"本性"呼之欲出。简而言之，不论绘画艺术，还是语言文字，二者皆为人之符号。人运用此符号与彼符号，其意均系对世界人生的把握。不同的符号自有其独特的功能和用途，如王国维所言哲学与美术之区分。不过，各种符号间的区分一定不是非此即彼，而是相辅相成，交相辉映。它们可以"独唱"，亦可以在一起"大合唱"！众皆对绘画或哲学的"独唱"耳熟能详，而对二者的"合唱"经验则当属绝无仅有。如今将 100 首"合唱"奉献给读者，期待相见于高山流水！

陈伟功

2024 年 7 月 11 日

图书在版编目（CIP）数据

大哲学家：中国100位著名哲学家画传 / 薛晓源绘；陈伟功，章伟文，李嘉泰著. — 北京：商务印书馆，2025. — ISBN 978-7-100-24730-6

Ⅰ. K825.1-64

中国国家版本馆CIP数据核字第2024KH7266号

权利保留，侵权必究。

大哲学家
——中国100位著名哲学家画传
薛晓源 绘

陈伟功　章伟文　李嘉泰 著

商 务 印 书 馆 出 版
（北京王府井大街36号　邮政编码100710）
商 务 印 书 馆 发 行
北京雅昌艺术印刷有限公司印刷
ISBN 978-7-100-24730-6

2025年2月第1版　　开本 889×1194　1/16
2025年2月第1次印刷　　印张 14½

定价：158.00元